falter 40

Johannes W. Schneider

Engel

und ihre finsteren Brüder

Verlag Freies Geistesleben

1. Auflage 2009

Verlag Freies Geistesleben
Landhausstraße 82, 70190 Stuttgart
Internet: www.geistesleben.com

ISBN 978-3-7725-1440-1

Umschlag & Satz: Bianca Bonfert
Umschlagfoto: Kimberly Gremillion / Graphistock / Picture Press
Druck und Bindung: Freiburger Graphische Betriebe

Vorwort

Was wir über Engel wissen, gründet sich seit Beginn des Mittelalters auf die Hierarchienlehre des Dionysios Areopagita, des Paulus-Schülers, die zunächst wohl mündlich überliefert und erst Jahrhunderte später niedergeschrieben wurde. Die Menschen im Mittelalter haben manche Einsichten hinzugefügt, vor allem, was das Verständnis Michaels betrifft. Vor einigen Jahren habe ich diese Überlieferung in meinem Buch *Michael und seine Verehrung im Abendland* zusammenzufassen versucht.[1] – Im ersten Viertel des 20. Jahrhunderts, als es noch ganz unpopulär war, über Engel zu sprechen, hat Rudolf Steiner weiterführende Gedanken zur Engel-Lehre und besonders auch zum Verständnis Michaels entwickelt. Beiden Werken verdanke ich viel, um den Blick auf das Engel-Wirken zu schulen, aber inhaltlich sollen diese Gedanken hier nicht wiederholt werden. Sondern es soll versucht werden, die Ergebnisse eines jahrzehntelangen

Umgangs mit dem Thema zu schildern. Dieser ist recht individuell und er möchte den Leser anregen, auf die feinen Erfahrungen zu achten, die heute viele Menschen mit Engeln haben.

Das Buch referiert nicht, deshalb nur wenige Zitate und Literaturbelege. Ich wollte nur schildern, was ich an mir selbst in der Berührung mit Engeln – und Dämonen – abgespürt habe. Diese Erfahrungen haben für mich, den Achtzigjährigen, eine tiefere Bedeutung erhalten, die mir von der anderen Seite der Todesschwelle her entgegenkommt.

Johannes W. Schneider
Dortmund im Sommer 2009

Der Engel handelt aus der kreisenden Bewegung des Lichtes, er ist von ihr getragen, in seinem Rücken liegt der Quell seiner Kraft.

Zur Einstimmung: William Turners *Engel in der Sonne*

William Turner hat dieses Bild in seinen letzten Lebensjahren geschaffen.[2] Turner, der das Licht geliebt hat und der es malen konnte wie wenige Künstler vor ihm und nach ihm. In der Mitte des Bildes steht der Engel, hinter ihm breitet sich die Weite des Himmels aus. Unter ihm erheben sich die Menschen aus den Gräbern. Es ist der Tag des Jüngsten Gerichts.

Das Licht ist konzentriert über und hinter dem Engel. Aus ihm tritt er hervor. So bewegt die anderen Bereiche des Bildes sind – das Licht spricht aus der Stille. Was in der Welt geschieht, von der Schöpfung bis zum Jüngsten Tag, geht aus der Stille des Himmels hervor. Wenn das Licht in die irdische Welt hineinscheint, wird es zur Bewegung, die in Turners Bild noch etwas von ihrem Ursprung offenbart: Die großen, schwingenden Kreise erinnern an das Himmelsrund.

Aus dem Lichtkreis um den Engel bildet sich dessen linker Flügel. Dieser wächst also nicht aus der Gestalt des Engels heraus, wie wir es von mittelalterlichen Bildern gewohnt sind, sondern eher umgekehrt: Der Flügel gehört der Bewegung des Lichtes an, und aus ihr löst sich die Gestalt des Engels (in sie kann der Engel vielleicht auch wieder zurücktreten). Der Engel handelt aus der kreisenden Bewegung des Lichtes, er ist von ihr getragen, in seinem Rücken liegt der Quell seiner Kraft. – Und der Engel bildet mit den Armen die Form des Himmelsrundes nach. Die Bewegung der Arme ist nicht aus den Schultern geführt, sondern vom umgebenden Licht getragen. Der Engel schwebt, und vor allem tun das seine Arme.

Sein Blick ist in die Unendlichkeit vor ihm und über ihm gerichtet, wie das Licht hinter ihm aus der Unendlichkeit strömt. Beide Dimensionen der himmlischen Welt sind eine Einheit, und zwischen sie ist die Welt der Menschen eingebettet, in der der Engel erscheint.

In der rechten Hand hält er ein Schwert. Es ist wohl als Symbol des Gerichts zu verstehen, an ihm scheiden sich die Geister. Aber es ist nicht eigentlich der Engel, der das Schwert führt, das Schwert ist nicht ein Werkzeug seines Willens. Sondern es wirkt eher wie ein Lichtstrahl, der in der Hand des Engels selbst handelt. Denn Engel wirken nicht für eigene Ziele, sie vollziehen den göttlichen Willen.

Während der rechte Flügel und zum Teil auch der rechte Arm im Licht aufgelöst sind, oder richtiger: aus ihm heraus noch nicht Gestalt angenommen haben, zeigt das Gesicht die deutlichsten Konturen. Es sind nicht weiche, jugendliche Gesichtszüge, wie wir sie von mittelalterlichen Bildern gewohnt sind, sondern reife, charaktervolle Formen, die jedoch offen sind für das Licht, das aus der Höhe kommt. In der Gestalt und besonders im Antlitz des Engels verdichtet sich das strömende Licht zum imaginativen Bild. In der Weite des Himmels, in den vielfältigen Farbnuancen scheint das Licht wie eine Melodie zu klingen. Als die Sphärenharmonie.

Der Engel wendet sich nicht den Menschen unter ihm zu, sondern es ist das Licht, das die Toten in ihren Gräbern aufweckt. Es ist das Licht, das handelt – wie könnte es bei Turner anders sein. Und damit versteht der Betrachter den Hintergrund jeder Engel-Erfahrung: Die Licht- und Farbenwogen, die sich hinter dem Rücken des Engels ausbreiten, machen den Einklang mit den anderen Engeln und mit dem göttlichen Willen sichtbar.

Engel wissen um das Ziel, das dem Leben auf der Erde gesetzt ist, und der Mensch kann es von den Engeln erfahren, wenn er in die Stille der Nacht hineinlauscht.

Unser Engel

Am 19. März 1945 war ich auf dem Weg von einer ambulanten Behandlung in der Klinik nach Hause. Es war Fliegeralarm, damals so häufig, dass man ihn kaum beachtete. Plötzlich setzte das Abwehrfeuer der Artillerie ein. Und nun konnte man nicht nur von Bomben, sondern auch von Granatsplittern tödlich getroffen werden. Ich brauchte also ein Dach über dem Kopf, und zwar sofort.

Genau in diesem Moment ging ich an dem Haus vorbei, in dem die Freundschaft zwischen Goethe und Schiller begonnen hat, und da ich ein Schiller-Verehrer war (und bin), so dachte ich, der tote Dichter werde wohl sein Haus vor den Bomben schützen. Als ich mich der Haustür zuwendete, hörte ich hinter mir eine Stimme, die sagte: «Weiter.» Mehr nicht. Aber dieses eine Wort war eindringlich, bestimmt und vertrauenerweckend. Wer so sprach, wusste, was ich tun wollte, und wusste, was mit dem Haus geschehen würde. Eine Stunde später lag es in Schutt und Asche.

Die Stimme widersprach jeder Vernunft, denn ich hatte eine lange Wegstrecke ohne Schutz vor Granatsplittern vor mir, und die Stimme widersprach auch meiner jugendlichen Illusion von der Kraft des toten Dichters, aber diese Stimme überzeugte doch sogleich, weil sie aus der Tiefe kam, aus einem Wissen, das uns im Allgemeinen verborgen ist. Eine solche Stimme zwingt nicht, sie will aber ernst genommen werden. Und weil ich sie ernst nahm, lebe ich heute noch.

Wenn ich zurückblicke, kann es keinen Zweifel geben, wer hier gesprochen hat. Es war mein Engel. Und weil schon viele Menschen dessen schützende Hand gespürt haben, spricht man gerne vom Schutzengel. Das ist sicher richtig, aber zu eng gedacht. Der Engel ist uns nicht nur in Gefahr nahe, sondern immer. Deshalb ist es wohl passender, von einem begleitenden Engel zu sprechen, der in guten und in schweren Stunden bei uns ist, der sich immer daran erinnert, mit welchen guten Vorsätzen wir in dieses Leben eingetreten sind, was wir uns im Himmel für unsere Zeit auf der Erde vorgenommen haben. Und der auch den vorgesehenen Zeitpunkt unseres Todes kennt. Denn jedes Leben ist auf einen bestimmten Zielpunkt hin orientiert. Wenn der erreicht ist, erwartet uns der Engel, wird vielleicht sogar als Lichtgestalt am Sterbelager sichtbar.

Und wenn der Tod mit Gewalt herbeigeführt wird, von anderen oder von uns selbst? Eine Frau erzählt: Sie hat, weil sie nicht mehr leben wollte, eine

Dosis Tabletten genommen, die tödlich wirken musste. Weshalb sie überlebt hat, ist medizinisch kaum verständlich. Aber sie war an der Schwelle des Todes. Und dort trat ihr nicht nur ihr Engel, sondern es traten ihr mehrere Lichtgestalten entgegen, ernst und streng, mit abweisenden Handbewegungen: «Nein.» Rückblickend meinte diese Frau: Welche Gnade, weiterleben zu dürfen mit dem Wissen, wenn es an der Zeit ist, werden diese Lichtgestalten nicht «Nein» sagen, sondern ihre Arme zum Empfang öffnen. Ein Wissen, das nicht nur dieser Frau gehört, sondern das uns alle angeht.

Unser Engel erwartet uns aber nicht nur im Tod, sondern er wartet auf uns schon jede Nacht. Er wartet auf das, was wir aus dem Tag in die stille Welt des Schlafes mitbringen hoffentlich etwas, das still werden kann unter dem Blick des Engels. Denn dieser Engel-Blick urteilt über meinen Tag in einer eigentümlichen Weise. Der Engel liebt den, der ich eigentlich sein will. Der Engel denkt fortwährend mein wahres, mein eigentliches Ich. Und auf die negativen Züge meines Wesens blickt er einfach nicht hin, die «sieht er zur Seite». Und weil der Engel mich in dieser Art idealisiert, weil er das Gute in mir liebt und stärkt, kann ich an die Kraft der Ideale glauben. Wie auch kleine Kinder, die sich den Himmel noch nicht abgewöhnt haben, einen geliebten Erwachsenen wie ein übermenschliches Wesen sehen. Wenn wir in den Kinderblick hineinlauschen, dann können wir mit Händen greifen, was ein Engel ist. Dann schauen wir durch die Kinderaugen in den Himmel hinein, wenn wir uns nur trauen, aufmerksam und leise zu blicken.

In der Nacht und nach dem Tod schaut der Engel nicht auf dasjenige hin, was in unserem Leben gewesen ist, sondern auf denjenigen, der wir waren. Und auf denjenigen, der wir hatten sein wollen. Im Rückblick auf das Leben werden wir wohl alle etwas oder vieles finden, was wir gewollt, was wir begonnen, aber nicht vollendet haben. Der Verstorbene schaut noch intensiver auf die unvollendeten Motive des Lebens hin, auf dasjenige, was reifen will und kann. Und darauf blickt auch unser Engel, nicht erst nach dem Tod, sondern schon in jeder Nacht. Etwas von diesem Engel-Blick klingt vielleicht nach, wenn wir am Morgen wieder Mut für die Zukunft haben. Und noch stärker wird dieser Mut, wenn wir bemerken, woher er stammt – und wenn wir dann auch einmal unserem Engel danken.

Was wir geträumt haben, kann nach dem Aufwachen zumindest zum Teil erinnert werden, aber im Allgemeinen nicht, was im Tiefschlaf geschehen ist. Und gerade da sind wir unserem Engel am nächsten. Wenn wir uns daran auch nicht erinnern können – auf die Spuren dieser Begegnung können wir aufmerksam werden. Da haben wir am Abend über eine wichtige Lebensfrage nachgedacht. Und wir hatten manche kluge Gedanken. Aber am nächsten Morgen erscheinen diese Gedanken gar nicht mehr so gut. Oder es kommen ganz neue Gedanken, die im ersten Augenblick schon überzeugend wirken. Woher kommen diese Gedanken? Haben wir denn im Tiefschlaf weitergedacht, ohne nach dem Aufwachen davon zu wissen? Wenn wir recht aufmerksam sind, bemerken wir vielleicht einen Unterschied zwischen den Gedanken vom Abend und den Gedanken der Nacht. Was wir aus dem Tiefschlaf mitbringen, passt in die ganz persönliche Lebenssituation oft besser hinein als die Gedanken vom Abend, etwa über die Frage, ob man wegen eines Streits mit Berufskollegen wohl den Arbeitsplatz wechseln sollte. Die Gedanken aus dem Tiefschlaf bringen kaum Antworten, die allgemein gelten wollen, sondern solche, die eher sagen, was zu mir passt, zu mir ganz persönlich in diesem Augenblick.

Woher kommt diese Weisheit? Doch wohl aus dem Gespräch mit jemandem, der mich gut, der mich sehr gut kennt.

Wer solche Beobachtungen an sich selbst macht, lernt seinen Engel kennen. Und damit auch sein wahres Ich, dasjenige Ich, das wir im Leben erst noch verwirklichen wollen, wenn wir die Aufgaben erfüllen, die das Leben auf der Erde stellt. Denn der Engel wartet auf den, der wir auf der Erde geworden sind. So lernt der Engel durch uns die Erde kennen. Den Himmel kennt er besser als wir, aber nicht die Erde. Wir können lernen, die Erde zu verstehen und zu lieben, um unserem Engel, um allen Engeln etwas mitzubringen, wenn wir sterben – wenn wir nicht nur tief schlafend, sondern hellwach mit Engeln zusammen sind.

Worauf die Engel warten, das erzählt ein Märchen in einfachen Bildern. Als das fleißige Mädchen in den Brunnen gesprungen war, um seine Spule zurückzuholen, fand es sich auf einer schönen Wiese wieder. Dort riefen die Äpfel vom Baum: Schüttele uns, wir sind reif. Und das Brot im Backofen rief: Hole mich heraus, ich bin ausgebacken. Was aber geschieht dann mit Äpfeln und Brot? Das Mädchen bringt sie nicht zu Frau Holle. Diejenigen, die Äpfel und Brot verzehren, treten im Märchen nicht auf. Aber es sind doch wohl die Gleichen, die dem fleißigen Mädchen das Gold schenken, als es sich wieder auf den Weg zur Erde macht.

Wenn wir nach dem Tod keine Früchte aus dem Erdenleben mitbringen, müssen Engel hungern. Dann aber haben Engel auch nichts, was sie umwandeln können in den Reichtum eines neuen Lebens. Engel sind auf die Menschen angewiesen und Menschen auf die Engel. Ohne Hilfe der Engel können wir nicht zu wahrhaft menschlichen Menschen werden, und ohne Menschen können Engel nicht über ihren heutigen Stand hinauswachsen. Engel wissen um das Ziel, das dem Leben auf der Erde gesetzt ist, und der Mensch kann es von den Engeln erfahren, wenn er in die Stille der Nacht hineinlauscht.

Der Engel-Blick wirkt weckend auf unser wahres Wesen, wir könnten als Erdenmenschen gar nicht gut sein ohne den liebevollen Blick des Engels, der in uns mehr sieht, als wir schon sind.

Wie blicken Engel auf den Menschen?

Das Auge eines Menschen sehen wir bildhaft, wie auch die anderen Teile des Gesichtes. Wie aber nehmen wir den Blick des Menschen wahr? Wie unterscheiden wir, ob er nur in unsere Richtung gewendet ist oder ob er uns selbst trifft? Ob er milde, gütig, abwartend, konzentriert oder kritisch ist? Nicht durch minimale Veränderungen in der Bildgestalt des Auges, sondern durch die feine Bewegung des Blicks. Wenn wir diese mitvollziehen, unterscheiden wir nicht nur den freundlichen von dem unfreundlichen Blick, sondern wir erleben Differenzierungen, etwa von bohrendem oder stechendem Blick.

Der Blick des Menschen und der Blick des Engels

Der Blick eines Menschen kann sprechen. Nicht in der Art von Worten, die auf einen hinter ihnen liegenden Sinn, auf einen Gedankeninhalt hinweisen, sondern der Blick wird verstanden, weil der Blickende und der Angeblickte zusammenklingen oder vielleicht auch gegeneinander kämpfen. Die Sprache des Blicks ist über die Erde hin verständlich, ohne Worte.

Ich sitze auf einer Bank im Pekinger Sommerpalast und unterhalte mich durch Lächeln mit einem etwa fünfjährigen chinesischen Mädchen, das mir immer wieder freudig die bei jedem Schlecken kleiner werdende Eisportion zeigt. Die Eltern gesellen sich hinzu und blicken liebevoll auf ihr Kind und dann zu mir herüber. Durch diesen Blick habe ich mehr als durch lange sozialwissenschaftliche Untersuchungen erfahren, welches Glück für Eltern das eine, das einzige Kind bedeuten kann, das sie im bevölkerungsplanenden China haben dürfen.

Der Blick kann nicht nur sprechen, er kann auch tragen. Ich komme in einen Kindergarten, in dem die erfahrene Erzieherin mit ihrer Handarbeit in einer Ecke sitzt, während die Kinder friedlich im Raum spielen. Der teilnehmende Blick des vertrauten Erwachsenen trägt das Spiel. Er fixiert nicht, er begleitet, was die Kinder tun, und weckt damit deren Initiative und deren Spielideen. Der tragende Blick wendet die Aufmerksamkeit der Kinder nicht auf die Erzieherin, sondern auf die Welt. Er bindet das Kind nicht an die Erzieherin, sondern macht es selbstständig.

Wie schön kann die Begegnung mit einem Menschen sein, der sich in seinem Blick offen zeigt. Das Licht seines Inneren, seines Herzens strömt uns entgegen. Und das verbindet uns miteinander. Der Blick des Engels ist nicht die Sprache seines Inneren, sondern durch ihn weht uns die Weite des Himmels an, den der Engel in seinem Rücken hat. Dieser Blick ist nicht aus dem Herzen geführt, sondern aus dem Raum hinter dem Engel – wie auch der Blick eines Neugeborenen oder eines friedlich Sterbenden uns aus einer unendlichen Weite erreicht. Und uns daher nicht fixiert, sondern durch uns hindurchgeht, jedenfalls durch denjenigen, der wir als Erdenmensch sind. Wir fühlen uns als derjenige wahrgenommen, der wir wirklich sind, der wir eigentlich sein wollen. Deshalb können wir einen solchen Blick kaum ertragen. Wir können ihm nicht begegnen wie dem Blick eines Gesprächspartners, sondern wir können uns von seiner Weite, von seinen Schwingen tragen lassen – oder uns zurückziehen in das alltägliche Ego, das uns stützt.

Der Blick des Engels trägt, indem er unverwandt auf unser wahres Wesen gerichtet ist, während des ganzen Lebens. Diese Erfahrung hat Christian Morgenstern in seinem Gedicht *Der Engel*, das er wenige Monate vor seinem Tod im Jahr 1914 niedergeschrieben hat, formuliert. In Worten, die der Engel zum Menschen spricht, oder: in Worten, in die der Dichter den sprechenden Blick des Engels übersetzt:

> O wüsstest du, wie sehr dein Antlitz sich
> verändert, wenn du mitten in dem Blick,
> dem stillen, reinen, der dich mir vereint,
> dich innerlich verlierst und von mir kehrst!
> Wie eine Landschaft, die noch eben hell,
> bewölkt es sich und schließt mich von dir aus.
> Dann warte ich. Dann warte schweigend ich,
> oft lange […][3]

Nicht der Engel zieht sich vom Menschen zurück, wenn dieser seinem wahren Wesen untreu wird, sondern der Mensch wendet sich vom Engel ab, entschwindet dem Blick des Engels. Das Leben, das der Mensch dann führt, ist wie eine Landschaft, die der Engel unter einer Wolkendecke ahnen, aber nicht sehen kann. Denn das ist eine Eigentümlichkeit des Engel-Blicks, dass er nur das Gute sieht. Wir

Menschen wenden den Blick oft von dem Bösen weg, weil wir es nicht sehen wollen. Das tut der Engel nicht, er weicht nicht aus. Sondern die Liebe zu dem ihm anvertrauten Menschen ist so groß, dass er mit all seiner Kraft auf das Gute in ihm sieht. Nicht nur auf das bereits verwirklichte Gute, sondern durch seinen Blick aktiviert er das im Menschen vorerst noch ruhende Gute. Der Engel-Blick wirkt weckend auf unser wahres Wesen, wir könnten als Erdenmenschen gar nicht gut sein ohne den liebevollen Blick des Engels, der in uns mehr sieht, als wir schon sind.

Der Engel urteilt, indem er blickt. Er verurteilt nicht, er richtet nicht, aber er urteilt, indem er «zur Seite sieht», was nicht im Blick des Engels bestehen kann.

Auf eine weitere Qualität im Blick des Engels weist Christian Morgenstern hin: In ihm liegt die Kraft des Wartens. Selbstverständlich wartet ein Engel nicht ab, was geschieht, sondern sein Warten aktiviert, ermuntert. Was ein solches Warten bedeutet, verstehen wir am besten, wenn wir es vermissen, wenn niemand mehr auf uns wartet. Dann fühlen wir uns allein gelassen. Heute ist es eine der schwersten

Belastungen für junge Menschen, in eine anonyme, erwartungslose Welt hineinzuwachsen. Ein moderner Pädagoge, Andreas Flitner, hat die Erwartung einmal als Geheimkraft der Erziehung bezeichnet.[4] Und Christian Morgenstern spricht davon, dass der Engel uns erwartet, wann immer wir kommen.

Der wartende Engel ist eine der fundamentalen und vielleicht die am ehesten zugängliche Erfahrung von himmlischen Wesen, die der Mensch haben kann, wenn er nur fein genug beobachtet. Wir haben für kürzere oder längere Zeit uns verloren, sind abgewichen von dem Bild unserer selbst, auf das der Engel unverwandt blickt. Und dann fangen wir uns wieder. Da erleben wir nicht einfach, dass wir eine Höhe, die wir schon einmal erklommen hatten, von der wir aber abgerutscht waren, wieder erreichen, sondern wir kommen an einen Ort, an dem wir erwartet werden. In der Einigkeit mit uns selbst spüren wir die Freude dessen, der uns dort unentwegt erwartet, den Glanz in seinem Blick. Die Einigkeit mit uns selbst aktiviert, während die Selbstzufriedenheit lähmt.

Wie der tragende Blick der Erzieherin das Kind nicht an sie selbst bindet, sondern gegenüber der Welt öffnet, so vergisst der Mensch den tragenden Blick des Engels. Er denkt an die Welt, aber nicht an den verborgenen Quell der Kraft, mit der er dies tut. Die Liebe des Engels ist ein Geschenk, nicht eine Verpflichtung. Wenn der Mensch dem Engel für seine Gabe dankt, dann deshalb, weil er es will, nicht weil die Nähe des Engels ihn dazu nötigt. Der Engel will die freie Handlung des Menschen, nicht die Nötigung zum «Guten».

Im Blick der Dritten Hierarchie: Engel, Erzengel, Archai

Eine weitere Eigenart im Blick des Engels wird am deutlichsten längere Zeit nach dem Tod erlebt. Der Mensch hat zunächst während weniger Tage im sogenannten Lebenstableau die Fülle der Bilder aus seinem eben abgelaufenen Erdenleben um sich gehabt. Dann hat er lange Zeit, die etwa einem Drittel der Lebenszeit entspricht, seine Biografie noch einmal durchwandert, indem er vor allem die Gesinnung, die seinen Taten zugrunde lag, aus dem Umkreis derjenigen Menschen erlebt, auf die er gewirkt hat. Dieser Zustand ist das sogenannte Kamaloka. Und dann folgt ein bedeutender Einschnitt, das große Vergessen. Der Mensch kann die guten Gedanken und Taten so in sich hinein vergessen, dass sie zum unverlierbaren Anteil seines Wesens werden. Was er an guten Gesinnungen *hatte,* wird zum *Sein* seines Ich. Dazu wäre der Mensch aus eigener Kraft nicht imstande. Aber er begegnet dem Blick seines Engels, der das Wesen des Menschen, soweit es in die himmlische Welt aufgenommen werden kann, in sich hinein und durch sich hindurch sieht. In dem großen Vergessen am Ende des Kamaloka geht der Mensch real durch das Wesen seines Engels hindurch. Und das ist der Aufstieg aus der seelischen in die geistige Welt. In der geistigen Welt kann der Mensch ein Bewusstsein seiner selbst nicht mehr haben, indem er sich der Welt gegenüberstellt. Sondern Bewusstsein entsteht dadurch, dass man von anderen wahrgenommen wird. Je intensiver der Engel den Menschen wahrnimmt, desto bewusster kann er in die geistige Welt eintreten und an deren Leben teilnehmen.

Einem verwandten Engel-Blick begegnet der Mensch nach dem Tod noch zweimal. Er fühlt sich angeschaut von dem Erzengel, in dessen Volk er gelebt hat. Der sieht nun in sich hinein nicht dasjenige, was im persönlichen Schicksal engelgerecht verlaufen ist, sondern dasjenige, was für die geistige Substanz eines Volkslebens von Bedeutung gewesen ist. Das sind nicht nur die Taten eines Goethe und Schiller, das sind die vielen kleinen Handlungen, in denen fruchtbar wurde, was wir den Begabungen des Volkes verdanken. Der Erzengel nimmt wahr, was Menschen aus dem gemacht haben, was er ihnen vor der Geburt mitgegeben hat. Aus dem Anblick dieser Früchte seines eigenen Wirkens gewinnt der Erzengel die Weisheit und die Kraft, sein Volk weiterhin, immer besser und besser, zu führen.

Wenn Menschen in ernster Sorge um ihr Volk handeln, kann etwas von dem Erzengel-Blick auch während des Erdenlebens erfahrbar werden. So hat Milan Kundera auf dem tschechoslowakischen Schriftstellerkongress 1967, der ja den «Prager Frühling» eingeleitet hat, gesagt: «Unser Volk hat in diesem Jahrhundert sicher mehr durchgemacht als viele andere Völker, und ist sein Genius wach gewesen, dann weiß es auch mehr. Dieses Mehrwissen könnte sich in jenes befreiende Überschreiten der bisherigen Grenzen verwandeln, in das Überschreiten der Grenzen unserer bisherigen Kenntnisse vom Menschen und seiner Bestimmung und so der tschechischen Kultur Sinn, Reife und Größe geben.»[5] Man möchte hinzufügen: Nur solche Leiden können diese Bedeutung haben, die von Menschen getragen und verarbeitet wurden.

Ein drittes Mal fühlt der Mensch einen solchen Engel-Blick auf sich ruhen, wenn er schon weit entfernt ist von seinem Erdenleben, den Blick eines Wesens aus dem Reiche der Archai, die nicht nur einem Volk, sondern einem ganzen Zeitalter das Gepräge geben. Der Mensch begegnet hier nicht derjenigen Archē, in deren Kulturepoche er gelebt hat, sondern in deren Kulturepoche er sich wiederverkörpern wird (was selbstverständlich identisch sein kann, da eine solche Archē mehr als zweitausend Jahre gestaltend wirkt). Dieses Wesen schaut auf das im Menschenleben hin, woraus es die geistige Substanz einer neuen Kulturepoche formen kann. Das heißt nicht, dass das Leben eines Menschen besonders viel bedeutet, wenn er sich schon in eine folgende Kulturepoche hineingeträumt hat, sondern es ist gerade dann bedeutsam, wenn er ganz gegenwärtig, ganz modern war. Nicht die Träume von einer besseren Zukunft werden zur geistigen Substanz der folgenden Kultur, sondern das rechte Nutzen des Augenblicks. Denn das kann verwandelt werden – von den machtvollsten Engeln der Dritten Hierarchie.

Der Engel begleitet seinen Menschen auf dem Weg durch die irdische und durch die himmlische Welt, er ist ständig bei ihm. Zwischen der Kindheit und dem Tod kann er wie hinter dem Rücken gespürt werden. Am Ende des Kamaloka, in dem großen Vergessen des Erdenlebens, tritt er ihm, imaginativ gesprochen, frontal gegenüber, wird zu dem Erlebnisinhalt des Menschen. Mensch und Engel sind hier am intensivsten und am intimsten miteinander verbunden, ganz und ausschließlich aufeinander eingestellt. Dann aber nimmt der Engel, wiederum imaginativ gesprochen, seinen Menschen an der Hand und geleitet ihn zu den weiteren Engel-Begegnungen. Der Engel nimmt teil daran, wie sein Mensch vom Erzengel und von der Archē gesehen wird. Dadurch erfährt der Engel, wie sich das Schicksal seines Menschen in größere Weltzusammenhänge eingliedert, er wird weiser. Weiser in dem Maße, in dem höhere Wesen «etwas» an diesem Menschen sehen können. Denn die Blicke von Engel, Erzengel und Archē erheben den Menschen in höhere Regionen der geistigen Welt. Das Bewusstsein des Menschen wird wacher für die geistige Welt in dem Maße, in dem er von diesen Engeln wahrgenommen wird.

Im Blick der Zweiten Hierarchie: Exusiai, Dynameis, Kyriotetes

Einem ganz anderen Blick begegnet der Mensch bei den Engeln der Zweiten Hierarchie: Diese richten ihre Aufmerksamkeit nicht nur auf das Schicksal des einzelnen Menschen, eines Volkes oder einer Zeitepoche, sondern sie nehmen entgegen, was in der Zeit geschehen ist, was jedoch für die Ewigkeit von Bedeutung ist. Wenn Christus davon spricht, dass ER den Menschen die Kraft gegeben habe, die Früchte des Lebens über den Tod hinaus zu bewahren und ihnen Dauer zu verleihen (Joh 15,16), so ist damit auch auf eine veränderte Beziehung des Menschen zu den Engeln der Zweiten Hierarchie hingewiesen. Unter der Sonnenkraft ihres Blickes erlischt nicht mehr alles, was der Mensch aus dem Erdenleben mitbringt. Der auf die Erde gerichtete Wille wird nicht mehr getilgt, wenn die Schwelle zur Sonnensphäre überschritten wird, sondern die Taten, die aus christlicher Liebe hervorgehen, bleiben erhalten: Denn in ihnen ist schon auf der Erde das göttliche Wesen gegenwärtig. Der Blick der Exusiai, Dynameis und Kyriotetes richtet sich auf das im Menschen, was unvergänglich ist, was in die neue Weltenordnung der Liebe eingehen kann. Dieser Blick führt gewissermaßen den auf der Erde entwickelten Keim für den neuen, für den wahren Menschen aus der Zeitlichkeit in die Ewigkeit hinüber. Dieser Blick erhebt nicht nur den Menschen, wie es bei der Dritten Hierarchie der Fall war, er bestärkt das Erreichte, gibt ihm Bestand.

Die Kraft der Liebe bei den Engeln der Zweiten Hierarchie ist so stark, dass sie auf die Schwächen und Verfehlungen hinblicken kann, sie nicht «zur Seite sehen» muss. Deshalb ist die Art ihres Urteilens anders als bei den Engeln der Dritten Hierarchie. Dieses Urteil sondert nicht zwischen guten und schlechten, zwischen menschlichen und nicht menschengerechten Handlungen und Gesinnungen, sondern es sieht in der Verfehlung den misslungenen Weg des Menschen zu sich selbst. So sieht es in der Eitelkeit den Wunsch, das Leben besonders gut zu gestalten, was aber misslingen musste, als der Mensch sich mit anderen verglich, weil er nicht nur an seine Taten, sondern auch an sich selbst dachte. In der Sonnenglut dieses Blickes hoher Engel wird die Fehlhaltung zurückgesehen auf das eigentlich gemeinte gute Anliegen. Die unvollkommene, ja entstellte Form des vergangenen Lebens wird eingeschmolzen, sie verschwindet als Form. Was bleibt, ist das gute innere Anliegen des Menschen und das Erlebnis der noch unvollkommenen Fähigkeiten, es zu verwirklichen. Aus der Weisheit der Sonnensphäre wird das künftige Schicksal so gewoben, dass es die Möglichkeit gibt, die Fehlhaltung in neuen Erdenerfahrungen zu korrigieren. Eine Möglichkeit, die der Mensch ergreifen kann, wenn er den Aufforderungscharakter des Schicksals versteht.

Zwei Eigenarten sind es also, die am Blick der Exusiai, Dynameis und Kyriotetes auffallen: Er richtet sich auf die starken Wesenszüge des Menschen, die ihn über die Zeitlichkeit hinausführen, er befestigt das Erreichte. Und er richtet sich auch auf die Schwächen, indem unter seiner Glut die erstarrten Formen der selbstbezogenen Handlungen schmelzen. Dieser Blick hat wandelnde Kraft. Die Engel der Zweiten Hierarchie schauen nicht, wie Menschen es tun würden, erst das bisherige Leben an, um dann darüber nachzudenken, wie es weitergeführt werden kann, sondern sie sehen im Bisherigen bereits den Keim für die Zukunft. Wenn sie auf das vergangene Leben hinblicken, blüht der Entwurf des künftigen Schicksals hervor – vorausgesetzt, dass die Seele des Menschen nicht so verhärtet ist, dass auch die Liebe der Sonnenengel sie nicht aufweichen kann. Durch seinen Hass auf einen Menschen oder auf ein Volk kann der Verstorbene die Sonnenengel zwingen, ihn mit dem Gehassten zusammenzuführen, auch wenn es besser wäre, zunächst voneinander Abstand zu nehmen. Wer hasst, kann die Weisheit im liebevollen Blick von Engeln nicht wahrnehmen.

Das Wirken der Zweiten Hierarchie sollte heute besonders beachtet werden, da der sich immer weiter ausbreitende Wiederverkörperungsgedanke die Gefahr mit sich bringt, die Entstehung des Schicksals allzu gesetzmäßig zu denken. Etwa so, dass die Handlung in einem Leben zwangsläufig die Ursache für die Schicksalsfolge im nächsten Leben sei. Ganz zu schweigen von der groben Vorstellung, der Mensch werde für die Untaten seines früheren Lebens bestraft. Ein so liebloses Vorgehen würden wir schon bei Menschen nicht billigen. Es Gott oder den Engeln zuzuschreiben widerspricht der elementaren religiösen Empfindung des heutigen Menschen. Auch wer schwer gefehlt hat, wird nach dem Tod in Liebe aufgenommen, weil er Mensch ist, und erhält die Möglichkeit, weiter an sich zu arbeiten – solange es Zeitlichkeit und damit Entwicklung gibt. Schicksal entsteht nicht durch eine allgemeingültige Gesetzlichkeit, sondern wird individuell zubereitet in der Begegnung zwischen dem Menschen und den Engeln der Zweiten Hierarchie.

Im Blick der Ersten Hierarchie: Throne, Cherubim, Seraphim

Bei den Engeln der Ersten Hierarchie tritt die Kraft der Liebe, die bei der Zweiten Hierarchie noch durch die Weisheit in der Ausgestaltung des Schicksals verhüllt war, unverhüllt hervor. Der Blick dieser Engel zeigt nicht mehr eine schmelzende Glut, sondern eine unbegrenzte Tiefe und Stille. In ihm ist die Nähe zur Gottheit spürbar.

Der Mensch, der durch die Sonnensphäre gewandelt und zu sich selbst gekommen ist, erlebt die volle Bejahung seines Wesens. Es geht nicht mehr um sein Schicksal, es geht nur noch um ihn selbst. Dass der Mensch in der erdenfernsten Zeit zwischen Tod und Wiedergeburt in das Leben der Ersten Hierarchie eintauchen kann, erneuert seine Kraft, ein Ich zu sein. Freude an Initiative, Frische des Willens, Lebensmut bringt er aus dieser Region mit, ebenso die Kraft der Gesundheit – womit nicht das Ausbleiben von Krankheiten gemeint ist, sondern der Schwung, mit dem diese überwunden werden. Wer ihn besitzt, wird gerne als «Stehaufmännchen» bezeichnet. Erzieher und Ärzte können manchmal unterscheiden, wo sie es mit einer Wirkung der Zweiten Hierarchie zu tun haben, nämlich in den glücklichen oder unglücklichen Fügungen des Schicksals, und wo ihnen die aus der Ersten Hierarchie verinnerlichte Willenskraft entgegenkommt, nämlich in der Kraft, das Schicksal zu meistern. Es gibt Menschen, die den besten Willen haben, sich für gute Ziele einzusetzen, denen aber das Geschick im Umgang mit der Welt fehlt. Solche Menschen bringen weniger Gaben aus der Sonnensphäre mit, aber sie stehen in Harmonie mit dem Wirken der Ersten Hierarchie. Und es gibt Menschen, denen viel Glück aus der Welt entgegenkommt, die aber wenig Kraft haben, daraus etwas zu machen. Diese Menschen harmonieren mit der Sonnensphäre, aber sie haben weniger Beziehung zu den Engeln der Ersten Hierarchie. – Indem wir diese Unterschiede beachten, wird das Wissen um Engel ganz praktisch.

Die Engel der Zweiten Hierarchie tragen die Früchte des Erdenlebens aus der Zeitlichkeit in die Ewigkeit, die Engel der Ersten Hierarchie blicken darauf, wie sich in dem Menschen ein kleines, ein noch sehr kleines Stück dessen verwirklicht hat, was durch das Schöpferwort in ihm ruht. Dieses Schöpferwort ist es, auf das das Leben und Sinnen der höchsten, der gottnächsten Engel beständig gerichtet ist.

Unser Engel begleitet uns auf diesem Weg bis hin zu den Seraphim. Durch uns nimmt er an dem Leben dieser hohen Engel teil – wenn diese nach unserem Tod «etwas» an uns zu sehen haben. Wir leben, wenn wir die Kraft dazu haben, im Umgang mit diesen Engeln, im Gespräch mit ihnen – bis auf dem Wege zur Geburt die weite Welt der Engel für uns verblasst und der Blick des Ungeborenen sich auf seinen Engel konzentriert. Der hat nun in seinem Rücken das Wissen um den Entwurf des neuen Schicksals, das auf den Menschen zukommt, durch das er wieder ein Stück mehr er selbst werden kann.

Wenn Menschen die anderen gerade wegen ihrer Andersartigkeit schätzen und lieben, so bildet sich Friede auf Erden. Harmonie im Himmel und Friede auf Erden.

Engel der Völker, der Kulturkreise, der Menschheit

Erzengel als Volksgeister

Schon im Mittelalter hat man davon gesprochen, dass nicht nur jeder einzelne Mensch seinen Engel hat, sondern jedes Volk seinen Erzengel. Namen für diese Erzengel sind nur selten genannt worden. Wenn auf Münzen das Bild eines Engels erschien, wie auf langobardischen Münzen das Bild Michaels, so sollte damit gezeigt werden, wer in diesem Land herrscht. Im Namen des Erzengels übt der König die Macht aus. Dieses Beispiel gehört jedoch noch in die Zeit der Stammeskulturen. Die Völker Europas, wie wir sie bis heute kennen, bildeten sich erst im 9. und 10. Jahrhundert aus, etwa gleichzeitig unter Kelten, Germanen, Slawen, Balten. Und damals, im 10. Jahrhundert, erschien das Bild Michaels auf der deutschen Reichsfahne. Es wurde in den großen Schlachten gegen die Ungarn dem Heer vorangetragen, was durch eine zeitgenössische Chronik belegt ist. Michael war es, der sein Volk führte und siegte.

Große Stämme wie die Franken konnten sich damals aufteilen und in zwei verschiedenartige Völker aufgehen, in Franzosen und Deutsche. Mehrere

Stämme konnten sich zusammenschließen zu einem Volk: die Franken, Sachsen, Alemannen, Bajuwaren, Thüringer zum deutschen Volk. Jedes Volk hatte sein eigenes Land, wenn auch dessen Grenzen noch verschoben werden konnten, während die Stämme in früherer Zeit ihren Wohnsitz wechseln konnten, vielleicht mehrmals. Der höchstkultivierte Germanenstamm, die Ostgoten, ist von Schweden nach Südrussland und dann, durch die Hunnen vertrieben, von dort nach Italien gewandert. Heimat und Lebensform haben sich verändert, der Blutsstrom blieb beständig. Deshalb ist es sinnvoll, von Stämmen mit einer gemeinsamen Abstammung zu sprechen. In die Vererbung, also in körperliche Merkmale hinein, wirkten die Engel oder Erzengel als Geister ihrer Stämme. Sie traten allmählich zurück, als sich die Völker des mittelalterlichen Europa bildeten.

Deren Erzengel nun hatten einen anderen Führungsstil. Damals bis heute wirken die meisten von ihnen weniger in die Leiblichkeit hinein. Das deutsche Volk bildete sich aus Germanen, Kelten und Slawen. Und ähnlich ist das bei den Tschechen, Slowenen, Kroaten ... Im 19. Jahrhundert noch kamen viele Polen als Bergarbeiter in das Ruhrgebiet, und deren Nachkommen sehen sich heute selbstverständlich als Deutsche, als urwüchsige Westfalen. Nur ihre Familiennamen sind noch nicht westfälisch. In der Vererbung wirken, jedenfalls bei uns in Europa, diese Erzengel der Völker kaum, aber sie wirken in der Landschaft und in der Geschichte eines Volkes. Echt russisch hat das Alexander Solschenizyn für das russische Volk ausgesprochen: «Wenn wir von einer Nationalität sprechen, denken wir nicht an das Blut, sondern immer an den Geist, das Bewusstsein, die Richtung dessen, dem ein Mensch den Vorzug gibt. Die Blutmischung definiert nichts. Schon jahrhundertelang gibt es den russischen Geist und die russische Kultur, und alle, die diesem Erbe mit ihrer Seele, ihrem Bewusstsein und dem Schmerz ihres Herzens verbunden sind – das sind eben die Russen.»[6]

Die Heimat eines Volkes ist das Antlitz seines Erzengels. Wer von Dresden nach Prag fährt, kann ja kaum übersehen, wo Sachsen aufhört und Böhmen beginnt. Wer von Stockholm nach Trondheim fährt, durchquert nahe der Grenze erst die schwedische Gebirgslandschaft, dann die norwegische. Das Auge gleitet zunächst weich dahin über die schwedische Landschaft und greift dann hart und wach zu, wo

Norwegen beginnt. Es ist «mit Augen zu greifen», dass hier verschiedene Erzengel zu Hause sind und verschiedenartige Menschen. – Stalin hat ja wohl recht gut gewusst, was er zerstören wollte, als er ganze Völker in eine ihnen fremde Landschaft umsiedelte. Auch die willkürliche machtpolitische Verschiebung von Grenzen kann störend wirken bis in die Ebene des Erzengel-Lebens hinein.

Ein Volk kann aussterben, sodass ein Erzengel sein Wirkensfeld verliert. Neue Völker können sich bilden, indem sie sich aus ihrem bisherigen Zusammenhang verselbstständigen. So lösten sich zu Beginn der Neuzeit die Holländer aus dem deutschen Volkszusammenhang heraus, sie entwickelten rasch und sicher eine eigene Volkskultur und ergriffen als Seefahrer zugleich eine weltweite Aufgabe. Das weist auf einen erfahrenen und sicheren Volksgeist hin. Und die Österreicher? Deren Verselbstständigung gegenüber dem deutschen Volkstum vollzog sich wesentlich langsamer, fast möchte man sagen: zögernder. Denn das Nein zu einem bisherigen Volkszusammenhang bildet noch nicht ein neues, ein eigenes Volk, sondern erst die positive Zuwendung an eine neue Aufgabe. Und die war durch die geografische Lage und Geschichte

Österreichs schon vorgezeichnet: eine Brücke zu den Slawen zu bilden. Eine solche Partnerschaft zwischen Deutsch sprechenden und slawische Sprachen sprechenden Menschen hätte für ganz Europa viel bedeuten können, ist aber unter der Herrschaft der Habsburger nicht gelungen. Viele gute Wiener haben zwar ein wenig polnisches Blut in den Adern, aber das ist hier nicht mit Partnerschaft gemeint, sondern ein kultureller Austausch auf gleicher Augenhöhe, ein Dialog. Hier ist etwas, das versäumt wurde, nachzuholen, im Interesse Europas.

Der Impuls zu einer Volksbildung kann von einem Erzengel ausgehen, und das war sicher zu Beginn des Mittelalters weitgehend der Fall. Eigenständige kulturelle Leistungen einer Bevölkerungsgruppe können jedoch auch einladend auf einen Erzengel wirken. Das haben zum Beispiel die Holländer eindrucksvoll gezeigt. – Zu Beginn des 19. Jahrhunderts hat ein Mathematiker, Bernard Bolzano (1781–1848), in Vorlesungen an der Universität Prag von dem Ziel gesprochen, aus zwei Stämmen, den Tschechen und den Deutschen, eine neue, die böhmische Nation zu bilden. Aus zwei Stämmen – damit ist an die Abstammung gedacht. Die Nation dagegen gründet sich nicht auf gemeinsame Abstammung, sondern auf den Willen zu einer gemeinsamen Kultur und auf ein gemeinsames Stück Erde. Diesen Willen konnte Bernard Bolzano damals nicht wecken, sondern die Stämme blieben einander fremd, der Graben zwischen Deutschen und Tschechen vertiefte sich und führte mit zur Katastrophe des 20. Jahrhunderts. Heute geht es hier nicht mehr um das Thema einer gemeinsamen Nation, da die Deutschen vertrieben sind. Aber ein ähnliches Problem wie in Böhmen vor zweihundert Jahren gibt es heute im Baltikum, in der Ukraine, in Georgien ... Ob wir die Chancen heute besser nutzen?

Das Thema der Volksgeister braucht eine differenzierende Betrachtung. Als die Spanier das heutige Mexiko eroberten, wurden viele bisherige Einwohner, Indianer, ausgerottet. Deren Volksgeist blieb, er wirkt bis heute in den überlebenden Indianern, aber auch in den Eroberern. Die sind nicht mehr Spanier, sondern Mexikaner. Das ist bis in die Bewegungsformen hinein deutlich zu erkennen. Dieser Erzengel wirkt heute also in zwei sehr verschiedenen Bevölkerungsgruppen, die einander fremd geblieben sind. Indianische Kultur ist romantisiert, aber nicht gewandelt oder erfüllt worden. Wenn ein bettelnder Indianer am Straßenrand steht, ein seinem Volkscharakter nach stolzer Mensch, ist er wirklich noch ein Indianer? Trennt er nicht vielmehr den, der da steht, und den, der er eigentlich ist? Der mexikanische Volksgeist, der Erzengel, ist heute von einem tiefen Schmerz umhüllt über die Entwicklung seiner Kultur. Und dieser Schmerz des Erzengels spiegelt sich in dem Blick vieler Indianer – wenn man nur zu sehen bereit ist.

Ein ganz eigenes Wirken zeigt der Volksgeist der Chinesen. Schon bei der ersten Begegnung mit chinesischer Kultur fällt auf, wie gegenwärtig deren Ursprung für die heutigen Chinesen noch ist. Westliche Beobachter sagen oft abfällig: China habe sich eben nicht entwickeln können, es sei stehen geblieben. Die meisten Chinesen werden zu einem solchen Urteil einfach schweigen, wenn sie aber entgegnen, so mit dem Satz, der Westen habe sich von seinem asiatischen Ursprung entfernt, er sei degeneriert. Wer so spricht, spürt die große Spannkraft seines Volksgeistes, der Ursprung und Gegenwart miteinander verbindet, der es den Menschen möglich macht, immer aus dem Quell des Ursprungs zu trinken. Ein «guter Chinese» ist in jedem Augenblick ursprünglich, er ist spontan. Das lernt er zwar innerhalb einer Kultur, die Regeln hoch schätzt – aber nicht um ihrer selbst willen, sondern als Weg zur Originalität.

Aus der Kraft dieser Ursprünglichkeit ist zu verstehen, weshalb Nachbarvölker immer wieder gerne Elemente chinesischer Kultur übernommen haben. Chinesen im Ausland aber blieben meistens Chinesen. Seit Jahrhunderten gibt es chinesische Stadtteile in südostasiatischen Städten, die China Towns, in denen man chinesisch spricht, schreibt, lebt. Ohne sich zu assimilieren. Europäische Einwanderer in den USA nehmen schon in der Einwanderergeneration die amerikanische Bewegungsform an. Nicht die Chinesen. Deren Volksgeist wirkt, im Unterschied zu den europäischen, tief in die Leibesstruktur hinein. Chinese ist man durch Geburt oder gar nicht – Nordamerikaner wird man schnell, wenn man will.

Ist es denn sinnvoll, heute überhaupt noch von Völkern zu sprechen oder Volkskulturen einen Wert zuzusprechen? Löscht die Globalisierung nicht die Volkskulturen aus? Hoffentlich nicht. Denn wo eine bestehende Kultur ausgelöscht wird, entsteht nichts Neues und schon gar kein Friede, sondern nur ein Hohlraum. Zwischen den Erzengeln als Volksgeistern gibt es – gerade wegen ihrer Verschiedenartigkeit –

Harmonie. Und wenn Menschen die anderen gerade wegen ihrer Andersartigkeit schätzen und lieben, so bildet sich Friede auf Erden. Harmonie im Himmel und Friede auf Erden. – Wenn aber Menschen schwach sind und sich selbst nur erleben können, wenn sie sich von anderen abgrenzen, dann wirkt durch sie nicht der Volksgeist, sondern der dämonische Begleiter des Erzengels. Denn wo aus Liebe geschenkt wird, greifen auch Dämonen zu. Und es liegt an den Menschen, ob der Erzengel zum Zuge kommt oder dessen dämonischer Widerpart, der Geist eines überheblichen und aggressiven Nationalismus.

Archai als Geister der sich bildenden Kulturkreise

Während die meisten Erzengel als Volksgeister in Europa während der letzten tausend Jahre in die Leiblichkeit der Menschen kaum eingriffen, taten das intensiv einige Archai. Sie wirkten gestaltbildend, anders bei Indianern, anders bei Afrikanern oder Europäern. Diese Unterschiede treten heute mehr und mehr zurück. Wir werden individueller und – menschheitlicher. Was wir heute weltweit beobachten können, ist früher von einzelnen Wissenden, von Eingeweihten, schon vorausgegriffen worden. So von dem japanischen Prinzen Schotoku, der um das Jahr 600 n.Chr. eine Plastik des Maitreya Bodhisattva (japanisch Miroku Bosatsu genannt) geschaffen hat, die uns auch heute wie das Idealbild des modernen Menschen erscheint, mit der wir uns identifizieren können – über die Zeit- und Kulturgrenzen hinweg.

Da die Archai heute weniger differenzierend über die Erde hin wirken und da sie immer weniger in die leibliche Konstitution der Menschen hineinwirken, so droht diese alte, diese sehr alte Beziehung zwischen den Menschen und diesen Archai verloren zu gehen – wenn nicht die Beziehung neu geknüpft wird, durch die Initiative der Menschen.

Da taucht nun in der Diskussion über zeitgeschichtliche Tendenzen ein neuer Begriff auf, der Begriff der Kulturkreise. Er beachtet die kulturelle Differenzierung über die Erde hin, aber überbetont die Unterschiede zwischen den Menschen. In einem Kulturkreis können sich mehrere, sogar viele Volkskulturen zu einer Einheit verbinden und sich deutlich von anderen Kulturkreisen abheben. Als der amerikanische Politologe Samuel P. Huntington im Jahr 1996 sein viel diskutiertes Buch über den *Kampf der Kulturen* veröffentlichte, sah er die Konkurrenz und schließlich den Krieg zwischen den einzelnen Kulturkreisen als das große Motiv der Geschichte im 21. Jahrhundert.[7] Kulturkreise sind für ihn durch Tradition begründet und bilden sich um ein religiöses Zentrum: das katholisch-evangelische Christentum, das orthodoxe Christentum, den Islam ... Die Möglichkeit einer umfassenden Menschheitskultur kann er nicht zugeben – eben wegen der unterschiedlichen Religionen.

Nun gibt es eine Stelle auf der Erde, an der sich heute ein Kulturkreis neu bildet: Südostasien. Dort leben Buddhisten, Konfuzianer, Christen, Moslems, Hindus, dort leben Mongolen, Malayen, Weiße, dort gibt es Demokratien und Diktaturen. Dort gibt es eine indisch bestimmte und eine chinesisch bestimmte Kulturtradition, die nicht immer friedlich zusammengewirkt haben. Was ist es denn, was diese Menschen verbindet, was bildet das «Wir» der Südostasiaten? Das ist nicht eine gemeinsame Herkunft, sondern eine gemeinsame Zukunft, eine sie alle verbindende Aufgabe: die Verantwortung für das Stück Erde, das sie bewohnen.

Zunächst hat man sich in Südostasien gerne auf das Vorbild der europäischen Kulturkreis-Bildung berufen, die mehrere Völker und Religionen verbinde. Heute ist man mit diesem Vergleich zurückhaltend geworden. Denn man sucht ein Südostasien ohne Brüsseler Bürokratie, die das Leben in den unterschiedlichen Ländern nivellieren will. Man fühlt sich zwar dem starken Nordostasien – China, Japan, Korea – nahe, aber betont doch das Eigene der Südostasiaten, deren unverwechselbare Aufgabe. Das gemeinsame Leben aus der Vielfalt der Kulturen, das sich hier entwickelt, kann viel bedeuten für die Menschheit als Ganze.

Der Wille von Menschen, der sich auf eine Aufgabe richtet, der zukunftsorientiert ist, kann einladend auf eine Archē wirken, sich mit einem entstehenden Kulturkreis zu verbinden. Die Völker Europas haben sich vor tausend Jahren gebildet, weil Erzengel auf die Menschen zugingen. Sie haben eine Entscheidung *für* die Menschen, noch kaum *mit* ihnen getroffen. Völker haben die einzelnen Menschen miteinander verbunden und zugleich abgegrenzt gegenüber «den anderen». Das musste nicht feindlich geschehen, und doch gehörte zur Identität eine Grenzziehung. Die neuen Kulturkreise entstehen, weil der Wille zu ihnen von Menschen ausgeht und ein Engel sich von diesem Willen angesprochen fühlt. Diese Kulturkreise sind nicht auf Konkurrenz oder gar auf Krieg gegeneinander veranlagt, sondern auf den Dialog miteinander. Europäer zu werden im Lauschen auf Asiaten und Afrikaner, das schafft einen neuartigen, nicht aus der Tradition bestimmten Kulturkreis, und das ist es, was die Sphäre der Archai erreicht. Wer aber den «Kampf der Kulturen» sucht, lädt Dämonen ein, sich an die Fersen der Archai zu heften, wie Erzengel als Volksgeister ihre dämonischen Begleiter schon haben.

Hier zeigt sich die veränderte Beziehung zwischen Menschen und Engeln. Früher haben Engel den Menschen zur Individualisierung geführt, sie haben Kulturen inspiriert. Heute warten Engel darauf, dass der Mensch die Individualisierung nutzt, dass er deren Freiraum erfüllt. Engel warten, denn sie wollen den Menschen, der aus individueller, verantwortlicher Initiative handelt – im persönlichen Leben und in der Menschheit als Ganzer.

Michael – der Engel der sich bildenden Menschheit

Wenn über Engel gesprochen wird, findet vor allem deren Verhältnis zum Menschen Beachtung. Es gibt jedoch ein Bild in der mittelalterlichen Kunst, das Michaels Stellung innerhalb der Engelwelt eindrucksvoll schildert: Der Erzengel trägt eine goldene Kugel in der Hand. Gold: das himmlische Leben der Engel. Die Kugel: das umfassende, in sich geschlossene Leben der Engel. Der Mittelpunkt dieses Lebens ist das Schöpferwort, das die Engel am Beginn der Erdentwicklung gehört haben. Das wirkte in ihnen fort, über dessen Sinn tauschten sich die Engel aus. Und im Lauschen aufeinander verstanden sie immer mehr den göttlichen Willen. Alle Engel sprachen aus, was sie zu diesem Verständnis beitragen konnten, alle außer Michael. Der schwieg und gab dadurch den anderen einen Raum, sich auszusprechen. Er hielt sich zurück, damit andere sich entfalten konnten. Das ist eine Geste, die fast über das Wesen der Engel hinausreicht, die etwas von göttlichem Charakter hat.

Als die Engel sich ausgesprochen hatten, bewahrte Michael die Ur-Weisheit, er trug sie als goldene Kugel, er wurde, wie man im Mittelalter sagte, zum «Lehrer der himmlischen Mysterien». Bis die Weisheit der Engel zur Erde niedersank und zur «Gesetzhaftigkeit» der physischen Welt wurde, bis sie schließlich in das Denken der Menschen einzog. Während Homer den klügsten der Griechenkönige, Odysseus, so schilderte, dass ein Engel, die Göttin Athene, ihm seine Gedanken eingab, während die Griechen der Frühzeit die Idee noch als Inhalt der Schau verstanden (Idea heißt «das Geschaute»), wird im fünften vorchristlichen, im klassischen Jahrhundert der griechischen Kultur das Denken im Inneren des Menschen gesucht. Da lehrt Sokrates die Folgerichtigkeit der Diskussion, die sokratische Methode. Der Mensch weiß, wie man das macht: zu denken. Die goldene Kugel ist, als sie niedersank, zersplittert in die Vielzahl der individuellen erkennenden Menschen, und sie hat ihren himmlischen Glanz verloren, als das Denken in den Dienst irdischer Interessen gestellt wurde.

Michaels Hand ist heute leer. Aber der Blick der Engel ist erwartungsvoll auf diese Hand gerichtet – ob sich in ihr die goldene Kugel von Neuem bildet. Und das tut sie, wenn die Menschheit entsteht. Menschheit nicht als Zusammenschluss von Völkern oder Kulturkreisen, sondern als das Leben zwischen individuellen Menschen. Wenn der Mensch sich versteht im Lauschen auf die anderen, bildet sich eine geistige Substanz, die ihren Ursprung nicht in dem einen oder dem anderen Menschen hat. Sondern wenn zwei oder drei in Seinem Namen beisammen sind, ist Christus mitten unter ihnen. Er erfüllt die individuelle Persönlichkeit, an deren Ausbildung die Engel bisher gearbeitet haben. Er eröffnet den Weg, auf dem sich das Schöpferwort vom Menschen als dem Ebenbild Gottes verwirklichen kann.

Die individuelle Persönlichkeit ist ein Geschenk der Engel, die Menschheit kann nur durch den Willen von Menschen und zwischen Menschen entstehen. Wenn das Denken nicht mehr auf irdische Interessen gerichtet ist, sondern sich dem Verständnis des anderen Menschen öffnet, dann beginnt das Gold wieder zu glänzen, dann beginnt es sich in Michaels Hand wieder zur Kugel zusammenzuschließen. Michael wartet darauf, der Engel der sich bildenden Menschheit zu werden. Hat man ihn doch schon im Mittelalter als den «Lehrer des christlichen Königreiches» bezeichnet, als den Engel, der Christus bei der Bildung der Menschheit vorangeht, der für Menschen das Verständnis des fortwirkenden Christus erschließt.

Ist eine Menschheitskultur möglich? Nach den grausamen Kriegen des 20. Jahrhunderts, nach Hass und Terror, deren Folgen noch lange nachwirken werden? Oder wird der amerikanische Politologe Samuel P. Huntington recht behalten, der für das 21. Jahrhundert einen «Kampf der Kulturen» voraussieht?

Dieser Kampf *muss* nicht kommen, aber er *wird* kommen, wenn Menschen nicht eine Menschheitskultur wollen. Wollen und nicht nur wünschen. Michael als Zeitgeist wird sie nicht bringen, denn seine Hand ist leer – aber offen. Michael wartet auf die Initiative von Menschen; denn es ist der verantwortliche und initiative Mensch, der dem göttlichen Schöpferwort entgegenwächst – dem Menschheits-Menschen.

Der Weg zur geistigen Welt beginnt, indem man sich ganz auf die irdische Welt einlässt. Das Ja zur Erde wird die Pforte zum Himmel.

Erzengel und Archai als Zeitgeister

Wer die Biografie eines Menschen überblickt, erhält ein Bild von dessen Persönlichkeit. Dieses Bild kann im Abstand betrachtet werden, und aus dem Überblick wird der Zusammenklang der einzelnen Lebensmotive erkennbar. Von jungen Menschen lässt sich zwar schwerer ein Bild der Persönlichkeit gewinnen, da die Motive der Biografie noch kaum in ihrer Beziehung zueinander ersichtlich sind, aber es eröffnet sich vielleicht eine andere Art von Persönlichkeitseindruck, wenn man zu erspüren sucht, in welchen Handlungen oder in welchen Lebensplänen dieser Mensch sich charakteristisch, unverwechselbar ausspricht.

Erkennen kann man einen Menschen nur dann, wenn man ihn liebt. Und den Menschen, den man liebt, wird man nicht mit anderen vergleichen, man wird sich ihm mit ungeteilter Aufmerksamkeit zuwenden. So entwickelt man ein Wesensbewusstsein, auf das unsere Erkenntnis vielleicht zum Teil schon heute, jedenfalls aber nach dem Tod, gebaut ist.

Engel haben nicht im menschlichen Sinne eine Biografie. Unser Engel ist so stark mit unserem Schicksal verwoben, er ist so ausschließlich auf uns konzentriert, dass eine eigene Biografie sich gar nicht entfaltet. Erzengel als Volksgeister oder als Zeitgeister jedoch gestalten souveräner an den Wesenszügen eines Volkes oder einer Zeitepoche. Und dieses Wirken ist zeitlich begrenzt, es umfasst nicht die ganze Erdentwicklung wie die Verbindung des Engels mit seinem Menschen. Völker bilden sich und vergehen. Es gibt, so wusste man schon im späten Mittelalter, sieben Erzengel, die sich in der Gestaltung der Menschheitskultur nach je drei bis vier Jahrhunderten ablösen. Wenn sie auch immer im Zusammenhang miteinander wirken, so gibt es doch Raphael-, Gabriel- und Michael-Epochen, die unverwechselbar den Charakter desjenigen Erzengels zum Ausdruck bringen, der zurzeit «federführend» ist. Jede solche Zeit-Regentschaft hat für den Erzengel einen biografischen Charakter, indem er neue, gleichsam jugendliche Akzente in der Geschichte setzt, sie zum Höhepunkt und schließlich zur Reife bringt. Deren Früchte kommen dann den anderen Erzengeln zugute, deren Samen ruhen, bis sie nach etwa zwei Jahrtausenden wieder aufkeimen in einer ähnlichen oder ganz andersartigen «Biografie» dieses Erzengels. Jedoch: Der Mensch, jedenfalls auf seiner heutigen Entwicklungsstufe, gestaltet sein Leben meistens ohne zu wissen, wie er Motive aus einer früheren Inkarnation aufgreift und fortführt und wie er in seinen heutigen Taten die Motive der künftigen Inkarnation veranlagt. Erzengel setzen Akzente in der Menschheitsgeschichte, von denen sie wissen, dass und wie sie diese in zweitausend Jahren fortführen wollen. Sie handeln aus der Überschau über den Verlauf und das Ziel der geschichtlichen Entwicklung.

Wenn Michael in der ägyptischen und in der griechischen Kulturepoche am Wesen des Menschen gestaltet hat, so wusste er, welche Anliegen er in der heutigen Zeit, in der neuen Michael-Epoche, die im letzten Drittel des 19. Jahrhunderts begonnen hat, haben würde. Michael als Zeitgeist ist nur zu verstehen, wenn man den großen Bogen ins Auge fasst, der sich über die Jahrtausende spannt, wenn man hinter den Motiven, die sich von Epoche zu Epoche wandeln und manchmal sogar zu widersprechen scheinen, den folgerichtigen Willen des Erzengels erkennt, dessen zentrales Anliegen es ist, den Menschen zu verantwortlicher Selbstständigkeit zu führen. Im Blick auf die beiden vorangegangenen Michael-Epochen, die abgeschlossen, die als Bilder vor uns stehen, kann vielleicht das Gespür entwickelt werden, in den heutigen Ereignissen den Willen des Zeitgeistes zu erkennen.

Ein Erzengel als Zeitgeist hat im Blick, wie er sein Werk nach zweitausend Jahren fortsetzen will, und er hat ebenso im Blick, wie sein Werk durch das Wirken der anderen Zeitgeister hindurchgeht. Der Strom der Zeit und der rhythmische Wechsel der einzelnen Kultureinschläge, das ist das Element, in dem Erzengel wirken. – Da uns heute die Michael-Kultur am nächsten steht, sei ihr Wandel durch die Jahrtausende als Beispiel des Erzengel-Wirkens geschildert.

Die ägyptische Michael-Kultur liegt am Beginn einer fünftausendjährigen Geschichtsepoche, in der die Wahrnehmung der geistigen Welt verdunkelt war, einer Epoche, die in der indischen Tradition als Kali Yuga, als das finstere Zeitalter, bezeichnet wird und die mit dem Ende des 19. Jahrhunderts ausgeklungen ist. Vor diesem Kali Yuga, vor dem Jahr 3000 v. Chr. etwa, war die Weisheit der Mysterien unmittelbar aus der Schau der Eingeweihten hervorgegangen. Nun wurde sie von ihren Quellen getrennt, sie wurde zu einer heiligen Tradition. Und die Welt der Götter wurde zum Jenseits.

Der Mensch konnte lernen, den Göttern treu zu bleiben, auch wenn er sie nicht mehr sah. Denn während des Erdenlebens fühlt sich der Mensch getrennt von der eigentlichen Wirklichkeit. Erst mit dem Tod wurde er wieder aufgenommen in seine wahre Heimat. Jedenfalls dann, wenn er gemäß dem Götterwillen gelebt hatte und wenn er aus dem Erdenleben etwas mitbrachte, das durch den Tod nicht ausgelöscht werden konnte. Das ägyptische Totenbuch zeigt eindrucksvoll diese beiden Motive: einerseits das umfassende und differenzierte Wissen um die Stadien des nachtodlichen Weges und andererseits die Unsicherheit, ob der Verstorbene fähig sein werde, den vorgezeichneten Weg zu gehen. Deshalb die Gebete und die kultischen Handlungen, die ihm das Geleit gaben.

Für die nachtodliche Existenz werden nun die Erfahrungen und die Taten des Erdenlebens wichtig. Was der Mensch auf der Erde erlebt und tut, entscheidet über seine Existenz in der nachtodlichen, in der geistigen Welt, aber es ist auch von Bedeutung für die Götter, die Engel. Denn Engel wissen ja, was mit der Schöpfung der Erde gewollt war. Wie es sich auf der Erde leben lässt, wie sich der irdische Leib «von innen her» anfühlt, das kennen sie nicht aus eigener Erfahrung. Wenn Verstorbene eine Botschaft bringen, dann öffnet der Wächter das Tor zum Reich der Götter. Hier wird ein Motiv der Michael-Kultur deutlich, das vom alten Ägypten bis in die Gegenwart herüberragt: Der Weg zur geistigen Welt beginnt, indem man sich ganz auf die irdische Welt einlässt. Das Ja zur Erde wird die Pforte zum Himmel.

In Ägypten wird der Stein so geformt, dass er zum Bild der Götterwelt wird. Und Götter können gegenwärtig sein, wenn die Maße und das Material einer Plastik ihrem Wesen gemäß sind. Deshalb gab es keine Willkür, auch keine künstlerische Fantasie in der Gestaltung der Götterbilder. Das Kunstwerk war Ausdruck dessen, was früher einmal geschaut wurde. Wie im Mysterienwesen, so gab es auch in der Kunst eine heilige Tradition, der sich der Mensch bis in die Spätzeit hinein verpflichtet fühlte. Ein Bauwerk, etwa eine Pyramide, war nicht nur ein Denkmal für den verstorbenen Pharao, sondern eine Stätte, an der der Himmel die Erde berührte. Von der Spitze her durchdrang die Kraft der Götter die Pyramide und breitete sich von dort in die Erdenwelt aus. Wo die Pyramide stand, waren Götter anwesend. Diese Vergegenwärtigung der Götter brauchte der Mensch im Kali Yuga, um den Göttern die Treue zu bewahren.

Mit dem Beginn der ägyptischen Kultur kommt der Mensch auf der Erde an, er sagt sein Ja zu ihr, aber er ist noch nicht heimisch auf der Erde. Diesen Schritt vollzieht die Menschheit in der griechischen Michael-Epoche. Der Abschiedsschmerz gegenüber der visionären Erfahrung der geistigen Welt ist überwunden, der Grieche freut sich am Erdenleben. Gegenüber dem visionären Hellsehen und vor allem gegenüber der Magie sind die Griechen oft misstrauisch, sie sehen darin eine überwundene Stufe der Entwicklung, die von Asiaten fortgesetzt wird, aber nicht von Griechen, es sei denn in bestimmten geregelten Bahnen wie in Delphi. Was früher Mysterienwissen war, wird verinnerlicht zum philosophischen Denken. Die sokratische Methode der Diskussion und das Verständnis von Wissenschaft bei Aristoteles sind so genial gegriffen, dass sie durch fast zwei Jahrtausende geltend blieben. Indem das Denken an die Sinnesbeobachtung anknüpft, nicht mehr an die visionäre Schau, ist der Mensch zum Erdenmenschen geworden.

Damit ist ein weiteres Motiv der griechischen Michael-Kultur verbunden: die Individualisierung des Geisteslebens. Ein Perikles, ein Sophokles, ein Phidias, ein Sokrates sind unverwechselbare Persönlichkeiten, die uns noch heute beeindrucken. Wie der Mensch die Welt individuell erlebt, ist mitteilbar und kann eine Orientierung auch für andere Menschen sein. So beginnt eine neue Art der Literatur, die Lyrik. Wenn man von Vorstufen, etwa in den Hymnen Echnatons, absieht, ist Sappho um das Jahr 600 v.Chr. die erste große Lyrikerin der Weltliteratur. – Individualität hat nicht nur lyrische Intimität, sondern auch Tiefe. So spricht Sokrates davon, dass sein Daimonion, sein Genius, ihm das Gleiche sage, was bisher die Götterlehren verkündet haben. Die Himmelswelt ist also im Erdenmenschen verinnerlicht und individualisiert.

Diese Persönlichkeitskultur ist die konsequente Fortsetzung der Verbindung des Menschen mit der Erde zu Beginn der ägyptischen Kultur. Nun kommt in Griechenland ein neues Motiv hinzu, eine Spaltung der Persönlichkeit des Menschen. Das Leben in den Mysterieninhalten war ein gesamtmenschlicher Vorgang gewesen. Nun, in Griechenland, trennt sich das Denken, das sich immer mehr der Sinneswelt zuwendet, von der Fantasie, die sich vor allem der Kunst zuwendet. Die beiden gehen durch zweitausend Jahre verschiedene Wege. Vom Denker erwarten wir allgemeingültige Aussagen, vom Künstler einen persönlichen Stil. Eine entsprechende Trennung vollzieht sich auf dem Gebiet der Moral. Das Leben in der von

Göttern bestimmten Weltordnung gliedert sich in allgemeingültige Moralbegriffe und in die ganz eigene Gewissensstimme. Der denkende Mensch schult sich an der irdischen Welt, der individuelle Mensch findet sich im Lauschen auf die Tiefe der eigenen Persönlichkeit. Und hoffentlich stehen beide in Harmonie zueinander.

Die griechische Michael-Epoche ist deutlich in drei Phasen gegliedert. Die erste, etwa vom Jahr 650 bis 500 v.Chr., bringt eine Grundlegung der Michael-Kultur. Es entwickelt sich die Polis, die Stadtgemeinde. Die großen Gesetzgeber Solon in Athen und Lykurgos in Sparta haben ihr das Gepräge gegeben. In seiner Polis fühlte sich der Mensch zu Hause, auch in deren Tochterstädten von Südfrankreich bis zur Krim.

Zu dieser ersten Phase der Michael-Kultur gehört das Erwachen des Denkens. Das Leben wird nicht mehr auf inspirierte Weisheit, sondern auf Einsicht und Verantwortung gebaut. Damit kann der Mensch als Einzelner für das einstehen, was er tut. Auf dem Schlachtfeld von Marathon (im Jahr 490 v.Chr.) verteidigten die Athener, Mann für Mann, die Freiheit ihrer Stadt, während sie die angreifenden Perser als blinde Werkzeuge von deren Herrscher empfanden.

In der ersten Phase der Michael-Kultur entfaltet sich die archaische Kunst, die sich Schritt für Schritt von dem Vorbild aus dem ägyptisch-asiatischen Raumempfinden löst, die damit griechisch wird. Der Bewegungsimpuls durchströmt die Gestalt nicht mehr aus dem unendlichen Raum hinter ihr, sondern kommt immer deutlicher aus dem Inneren der Plastik. Die Gesichtszüge sind nicht mehr aus der Stille geformt, in die eine ägyptische Plastik noch eingetaucht ist, sondern sie zeigen eine allmählich sich steigernde Zuwendung zur Welt – vielleicht mit einem Lächeln, dem berühmten archaischen Lächeln. Wer lächelt, zeigt seine Seele, wie das auch der Lyriker tut.

Die beiden Perser-Kriege in den Jahren 490 und 480/479 v.Chr. haben Griechenland völlig verändert, und auch den griechischen Menschen. Dieser Sieg ist nach dem Trojanischen Krieg, Jahrhunderte früher, das größte nationale Ereignis der Griechen, in ihm erreicht das Selbstverständnis der griechischen Kultur seinen Höhepunkt. In dem Sieg über die mächtige asiatische Theokratie hat die beginnende europäische Lebensform ihre Bewährungsprobe bestanden. Nun entfaltet sich in einem einzigen sicheren Zugriff die klassische Kunst. Um das neue Schönheitsideal wird nicht gerungen, es ist wie selbstverständlich da. So überzeugend, dass sich die Renaissance und die Goethezeit zwei Jahrtausende später fraglos an ihm orientieren konnten. Im fünften, dem klassischen Jahrhundert wirkten der Plastiker Phidias, die Schauspieldichter Aischylos, Sophokles und Euripides, der Philosoph Sokrates, der Staatsmann Perikles, Sterne erster Größe am Himmel des werdenden Europa. Hier wird Michael-Kultur nicht mehr begründet, hier wird sie gelebt. Der Mensch der damaligen Zeit brauchte nur er selbst zu sein, sich selbst zu leben, und damit blühte die Kultur.

Das dauerte nicht lange, nur zwei Generationen. Dann zerstörte der fast dreißigjährige Krieg zwischen Athen und Sparta diesen frühen Glanz europäischer Kultur. Das vierte vorchristliche Jahrhundert bringt nicht mehr eine Blüte, sondern eine Frucht- und Samenbildung. Die Philosophie des Aristoteles bildet eine Essenz des griechischen Denkens. Sein Schüler Alexander der Große verbreitete die griechische Kultur über weite Teile der damals bekannten Welt. Erst durch diese beiden Persönlichkeiten des vierten Jahrhunderts erhält die Michael-Kultur ihren kosmopolitischen Zug, der dem klassischen Griechentum noch ferngelegen hatte.

Ist auch in der heutigen Michael-Epoche schon ein solcher Dreischritt der Entwicklung zu erkennen, gehört er vielleicht zur Eigenart dieses Erzengels? Wenn man den Beginn des neuen Michael-Zeitalters auf das letzte Drittel des 19. Jahrhunderts oder genauer auf das Jahr 1879 datiert, so entspricht das 20. Jahrhundert etwa dem sechsten vorchristlichen Jahrhundert, der Grundlegung der Michael-Kultur.

Das 20. Jahrhundert beginnt mit dem Triumph des materialistischen Denkens und des materialistischen Lebensgefühls, der Gedanke an die Wirklichkeit der geistigen Welt scheint endgültig in das Abseits der Kultur verbannt zu sein. Doch, überraschend, entfaltet dieses Jahrhundert Schritt für Schritt seinen spirituellen Gehalt. Nicht im Kontrast zur modernen Seelenverfassung, sondern als deren konsequente Fortsetzung. Menschen, die auf der Höhe ihrer Zeit stehen, beginnen zu meditieren, erleben frühere und künftige Erdenleben als Realität und beginnen, das Wirken von Engeln zu spüren. Ein neues, lichtes Zeitalter bricht sich, nach dem Ende des Kali Yuga, Bahn.

Wie diese neue Michael-Kultur begründet wird, lässt sich recht gut an der Folge von drei Generationen ablesen, die sich der neuen Spiritualität zuwenden.

Die erste Generation, die bis zum Ersten Weltkrieg, also bis zum Jahr 1918, bestimmend war, hat zunächst ein Gedankenbild der geistigen Welt entwickelt und durch Meditation vertieft, hat deren Stimmigkeit erlebt und konnte die gewonnenen Erkenntnisse erstaunlich genau formulieren, erinnern und anderen Menschen vermitteln. Lebenspraktisch wurden diese Gedanken allerdings meistens nicht. Sie waren ebenso wenig wie der Sozialismus in der Lage, den Ausbruch des Ersten Weltkriegs zu verhindern.

Die nächste Generation, die überlebenden Soldaten des Ersten Weltkriegs, war weit weniger gedanklich begabt, konnte sich jedoch für ein spirituelles Verständnis des Lebens begeistern. Das Leben in Gedanken, die nicht praktisch werden, war ihnen fremd, ja unsympathisch. Spirituelle Gedanken wurden oft mit Schwung, wenn auch nicht immer genau, vorgetragen.

Nach dem Zweiten Weltkrieg, in der Mitte des 20. Jahrhunderts, haben wir damals Jungen diese Menschen bewundert. Und wir hatten eine Frage: Wie wird man so genial, wie wird man ein guter Lehrer oder Arzt, wie ..., wie ...? Der Weg, eine exakte Methode, das war es, was wir kennenlernen wollten.

Wir hatten oft den Eindruck, dass die damals schon älteren, aber immer noch begeisterten Jugendbewegten unsere Frage gar nicht verstanden. Wie? … Einfach anfangen.

Heute sind weder kluge Gedanken über die geistige Welt noch elementare Begeisterung noch lernbare Methode gefragt. Heute schaut man weniger auf die Inhalte, die vorgetragen werden, sondern auf den Menschen, der spricht. Ist er nur klug oder glaubt er wirklich an das, was er sagt? Lebt er dasjenige, was er verkündet? Ist er authentisch? Das wird nicht nur erhofft, sondern auch wahrgenommen, wenn es der Fall ist. Schon von Kindern in der Schule.

Das ist nicht mehr Grundlegung der Michael-Kultur, das ist ein Leben aus ihr. Das ist der Übergang vom ersten zum zweiten, zum zentralen Drittel des Michael-Zeitalters.

Wie Michael in der ägyptischen Kultur die Menschen zur Erde geführt und wie er diesen Weg im klassischen Griechenland fortgesetzt hat, so geleitet er heute den auf der Erde und an der Erde gereiften Menschen zur Wieder-Verbindung mit der geistigen, mit der Engelwelt. Und wie er in Griechenland die Persönlichkeit gespalten hat in den exakt denkenden und in den fantasiebetonten Menschen, in denjenigen, der sich an allgemeingültigen Moralbegriffen, und in denjenigen, der sich an der persönlichen Gewissensstimme orientiert, so fügt er heute die in ihrer Trennung gereiften Teile der Persönlichkeit wieder zusammen, zu dem authentischen Menschen. Diese scheinbare Widersprüchlichkeit im Kulturstil erweist sich bei genauerem Hinsehen als folgerichtig, wenn man bedenkt, dass der Weg durch die Differenzierung, durch die Individualisierung zur Menschheitskultur geht. Dieser Kunstgriff ist das Anliegen der Erzengel als Zeitgeister.

Erzengel wirken im Strom der von der Vergangenheit in die Zukunft dahinflutenden Zeit. Archai blicken empor zu den Engeln der Sonnenregion, die «oberhalb der Zeit», die in der Ewigkeit wirken. Von ihnen empfangen die Archai das Leitmotiv einer großen Epoche der Erdentwicklung, orientiert an dem Schöpferwort, das Schritt um Schritt realisiert werden will.

Konkret: Wir leben heute in derjenigen Epoche der Erdentwicklung, die sich am weitesten vom paradiesischen Ursprung entfernt hat, in der Menschen am deutlichsten die unerbittliche Härte der irdischen Gesetzhaftigkeit erleben, scheinbar in der größten Gottferne. Diese Entfernung vom schönen paradiesischen Ursprung kann als eine Aufgabe für den Menschen verstanden werden: in den geronnenen Formen der Natur das formgebende Schöpferwort wiederzuerkennen.

Die Bibel schildert den Beginn dieser großen Epoche als eine Art Neubeginn menschlicher Existenz: als die Sintflut, auf die eine der frühesten historisch fassbaren Kulturen folgt. Dieser Neubeginn ist in der überlieferten Weisheit vieler Völker enthalten und wirkt daher umso eindrucksvoller. Es ist nahe liegend, dass ein erster Schritt auf dem Weg das neue Motiv, die intensive Verbindung mit der Erde, anknüpft an dasjenige, was vorausgegangen ist und was in der Überlieferung als die atlantische Kultur bezeichnet wird. In einer ersten nachatlantischen Kulturepoche, die im ältesten Indien besonders charakteristisch zum Ausdruck kommt, verbindet sich Abschiedsschmerz gegenüber dem, was untergegangen ist, mit einer neuen Orientierung auf die Zukunft. Dass die Lebensregeln der Kasten, der sozialen Schichten, als Einklang mit dem Willen der Götter erlebt wurden, zeigt deutlich das Nachwirken atlantischer Kultur – bis heute.

Dass die legendären Begründer der indischen Kultur, die sieben heiligen Rischis, ihre Weisheit entwickelten, wenn sie beieinander waren, dass Kultur nicht nur durch göttliche Inspiration, sondern zwischen Menschen entsteht, das weist weit in die Zukunft. Indien galt noch im Mittelalter, vielleicht bis in die Neuzeit hinein, als das Land, das die Ursprungskraft menschlicher Kultur am besten bewahrt hat. Dort hoffte man dem Priesterkönig Johannes zu begegnen, jenem mythischen Regenten des Mittelalters.

Ein zweiter Schritt verbindet die Menschen intensiver mit der Erde. Im Gebiet des heutigen Iran begründet Zarathustra die Kultur des Landbaus und der Tierzucht. Was noch verstanden wird als ein Dienst für die Götter, denn der erste Pflug war aus Gold und führte himmlisches Licht in die Ackerfurchen ein. Die Götter wurden in der freien Natur verehrt, weil sie hier gegenwärtig waren, ehe die Menschen Tempel für sie bauten. Erst in Ägypten, in der dritten nachatlantischen Kulturepoche, wurde der Mensch wirklicher Erdenbürger, wie das für die ägyptische Michael-Epoche geschildert wurde.

Der Weg zu einer Kultur des Erden-Menschen, der in Indien begonnen hat, erreicht in Griechenland sein Ziel. Die irdische Welt beginnt von innen her zu leuchten, dem Himmelslicht etwas Neues hinzuzufügen. Das ist charakteristisch für das Wirken der Archai als Zeitgeister, dass Entwicklung für sie zielorientiert ist. Wenn im Jahr 1999, angeregt durch Michail Boyzow, unter russischen Historikern diskutiert wurde, ob Geschichte auf einen erkennbaren Sinn hin orientiert sei, wurde dabei diese Tiefendimension unserer zeitlichen Existenz berührt. Realistisch ist sie nur zu erfassen, wenn sie vom Wirken der Archai als Zeitgeister her verstanden wird. Die leben nicht im Strom der Zeit, die vom Gestern auf das Morgen zuflutet, wie die Erzengel es tun. Sie leben im Keim der nachatlantischen Kultur, in Indien, so, dass sie das Ziel, das klassische Griechenland, im Blick haben, dass also die Schritte zielorientiert vollzogen werden. Und diese Schritte zum Mittelpunkt einer großen Erdepoche hin werden so vollzogen, dass die ihnen entsprechenden späteren Reifestufen bereits im Blick sind.

In der Literatur wird das gerne so formuliert, dass die erste Kultur einer großen Erdepoche der siebenten entspreche, die zweite der sechsten, die dritte der fünften und dass die vierte eine zentrale, eine Mitte-Stellung habe. Wenn hier von Entsprechung oder gar von Wiederholung die Rede ist, sind diese Wörter etwas zu schwach. Es handelt sich um die Wandlung eines Motivs, um die Wandlung von einer Keimbildung zu einer Fruchtbildung. Und es sind die Archai, die bei der Keimbildung schon an die Fruchtbildung denken und sich bei der Fruchtbildung an die Keimbildung erinnern. Erst wenn sich das Denken des Historikers in Wandlungen bewegt, darf und kann von der Zielorientierung der Geschichte gesprochen werden. Dann kann das Denken des Historikers die Sphäre der Archai berühren.

Wir alle berühren dieses Denken der Archai nach dem Tod – wenn wir unser Bewusstsein bis dahin wach erhalten können –, wenn Archai auf unser Leben hinschauen und das beachten, was nicht nur für uns selbst, nicht nur für unser Volk, sondern für die Zukunft der Menschheit wichtig sein kann. Da erleben wir, wie eine Keimbildung umgedacht wird zu einer Fruchtbildung. In solchen Wandlungen leben und wirken Archai als Zeitgeister. Also ganz anders als Erzengel; längere Zeit und in scheinbar recht unähnlichen Inhalten. Es sind sieben Erzengel und es sind sieben Archai, die in der Geschichte wirksam sind. Ein Erzengel ist besonders intensiv verbunden mit demjenigen, der ihm vorangeht, und mit demjenigen, der ihm nachfolgt. Eine Archē mit derjenigen, mit der sie korrespondiert, die erste mit der siebenten … und mit dem Chor der Exusiai, der Sonnenengel, die das Motiv für eine große Erdepoche entwickeln. In den Archai entsteht die Zeit aus einem solchen Motiv, das auf die Ewigkeit hin orientiert ist.

Unsere Zeit ist friedlos – aber die Engel haben nicht von Friedenszeiten gesprochen, die anbrechen, sondern von der Kraft des Friedens, die sich niedersenkt auf die Menschen guten Willens.

Der Jubel der Engel und die Stille der Erde in der Heiligen Nacht

Das Lukas-Evangelium berichtet von den Hirten, die in der Heiligen Nacht auf dem Feld vor Bethlehem lagerten, denen der Engel des Herrn erschien, um ihnen die Geburt des Jesuskindes zu verkünden. Als er seine Botschaft ausgesprochen hatte, öffnete sich der Blick in die Tiefe des Himmels und der Lobgesang der Engelchöre wurde hörbar:

> Geoffenbaret sei Gott in den Höhen
> und Friede auf Erden
> den Menschen, die eines guten Willens sind.[8]

So weit die geschichtliche Überlieferung zurückreicht, wird immer wieder berichtet, dass ein Engel – oder einer der Götter, wie es in anderen Kulturkreisen hieß – einem Menschen erschien und ihm eine Botschaft brachte. Solche Botschaften sind der Quell der Offenbarungsreligionen gewesen. Auch in der Heiligen Nacht erfahren die Hirten von einem Engel, was sich in Bethlehem zugetragen hat. Dann aber werden sie Zeugen dessen, was im Himmel geschieht. Der Lobgesang der Engel ist nicht eine Mitteilung an den Menschen, er ist das Leben der Engel selbst, an dem einige Menschen für kurze Zeit teilhaben dürfen.

Leben unter Engeln – das war das Paradies, das der Mensch mit dem Sündenfall verlassen hat. Wohl hat das Paradies, abgeschattet, noch fortgewirkt im Klang der Sphärenharmonie, die die Menschen des Altertums in der Bewunderung der Sternenbewegung erlebten. Auf dem Feld vor Bethlehem wird nicht nur die Harmonie des Himmels gefühlt, sondern die Worte des Engelgesangs werden vernommen. Worte, die nicht ein Nachklang des Paradieses sind, sondern das augenblickliche Erleben der Engel aussprechen. Nicht Schöpfungsweisheit, sondern eine Weisheit, die unter Engeln entsteht, als sie auf den Stall in Bethlehem blicken.

Die so einfach klingenden Worte der Engel sind aus dem griechischen Text schwer übersetzbar, jedes Wort lädt zu einer Besinnung auf seinen Gehalt ein. «Doxa en hyphistois Theo» lautet die erste Zeile. Doxa ist das himmlische Licht, in dem sich der göttliche Schöpferwille offenbart. Wie entsteht das Licht der Engelwelt? Als zu Beginn der Erdentwicklung die Schöpfung aus dem Schoß Gottes hervorgeht, als zunächst die höchsten, dann die anderen Engel und schließlich die Menschen sich aus Gott lösen, sprechen die einzelnen Engel, die das Schöpferwort gehört haben, aus, wie sie den göttlichen Willen für die Erdentwicklung verstanden haben. Indem Engel verstehen, bildet sich zwischen ihnen das geistige Licht. Das Wesen der Engel ist nicht Licht, sondern bewundernde Aufschau zu Gott und Liebe zum Schöpferwort, die sich dann auch auf den Menschen wendet. Doxa, das geistige Licht, wendet sich Gott (Theo) zu, Gott in den Schöpferhöhen (en hyphistois). Man kann diese Worte auch hören als eine Bitte der Engel, rein und umfassend zu verstehen, wie die Schöpferworte gemeint sind.

Nach der Aufschau zu Gott wenden sich die Engel der Erde zu: kai epi gēs eirēnē – und auf der Erde Friede. Die Kraft des Friedens unter Engeln entsteht durch deren Aufschau zu Gott. Friede ist eine göttliche Kraft, die sich niedersenkt auf die Engel, weil sie sich einig sind in der Verantwortung für das Schöpferwort.

Friede auf Erden kann nicht entstehen, wenn Menschen ihn beschließen. Beschlossen wird ein Waffenstillstand, nicht der Friede. Der Friede ist eine Kraft, die sich niedersenkt. So können wir bemerken, wie nach der Not eines Tages uns der Friede des Schlafes umfängt. Oder wie der Friede des Todes in einen Sterbenden einzieht. Das kann geschehen, wenn der Tag oder wenn das ganze Leben in uns still wird, wenn es offen wird für den Einklang mit unserem wahren Wesen. Und so wird die Erde still in der Heiligen Nacht, sie lauscht auf die Worte der Engel.

Im 20. Jahrhundert war es Selma Lagerlöf, die in ihren Christus-Legenden dieses Geheimnis der Heiligen Nacht abgespürt hat: wie die Bäche aufhören zu rauschen, wie der Wind aufhört zu wehen und wie es keine Feindschaft mehr zwischen Tieren gibt.[9] Im «Kampf ums Dasein» ist die Natur ihrem wahren Wesen entfremdet, in der Heiligen Nacht zieht die ursprüngliche Harmonie wieder in die Erde ein. Nicht nur ein Tag oder ein Leben wird still, sondern die ganze Erdentwicklung, und damit wird sie offen für den Empfang des paradiesischen Jesuskindes.

Wenn die Erde das Leben der Engel in sich aufnimmt, kann sich der Friede auf sie niedersenken. Friedlos bleiben diejenigen, die sich nicht mit anderen zur Aufschau verbinden, die Dämonen – und Menschen, die in sich verschlossen bleiben. Obwohl sie von Engeln so sehr geliebt werden.

Der Evangelientext fährt fort, nachdem er von dem Frieden auf Erden gesprochen hat: en anthropois eudokias – Friede wird den Menschen (anthropois) der eudikia zuteil. Ein kaum übersetzbares Wort. Es klingt an das erste Wort des Textes «doxa» an. Friede den Menschen, in denen doxa, das himmlische Licht, wirkt. Der Evangelientext ist so komponiert, dass er mit dem Wort doxa beginnt, mit dem Licht in den Höhen der Engelwelt, und mit dem Wort eudokia schließt, mit dem Licht, das aus dem Himmel in die Menschen einzieht. Wenn die Übersetzung Emil Bocks von dem guten Willen spricht, so sollte in dem Wort «gut» das Wort «licht» mitgehört werden – in den Menschen mit einem guten, lichten Willen.

Als die Hirten aus dem Stall nach Hause zurückkehrten, erstrahlte «göttliches Licht aus den Worten», mit denen sie den göttlichen Weltengrund priesen. *Göttliches* Licht, Licht der eudokia. Die Hirten haben im Stall nicht nur die Bestätigung der Worte gefunden, die der Engel des Herrn zu ihnen gesprochen hatte. Auch die Worte der Engelchöre waren in Erfüllung gegangen, als die Hirten sprachen. Der Friede auf Erden begann zu wirken. Und «alle, die es hörten, erstaunten über die Worte der Hirten».

Das Wort Friede geht uns nicht mehr leicht über die Lippen nach den Gräueln des 20. Jahrhunderts. Ist die Botschaft der Engel verhallt? Unsere Zeit ist friedlos – aber die Engel haben nicht von Friedenszeiten gesprochen, die anbrechen, sondern von der Kraft des Friedens, die sich niedersenkt auf die Menschen guten Willens. So furchtbar die Ereignisse des letzten Jahrhunderts waren, es gab einzelne Zeitgenossen, die nicht dem Hass gefolgt sind, sondern die in ihren Unterdrückern, in ihren Mördern noch Menschen gesehen haben, die sich selbst fremd geworden sind. Sie waren die stillen und oft ungenannten Helden des Jahrhunderts. In ihnen wirkte der Friede der Heiligen Nacht fort, in ihnen wurde Gottesnähe spürbar. Von ihnen geht Licht aus, weil sie verstanden haben, was Gott mit dem Menschen gemeint hat.

Wer Feind eines anderen ist, der ist seinem eigenen Wesen entfremdet.

Der Mensch ist
das Schicksal der
Engel – die Erde ist
das Schicksal des
Menschen

Wenn vom Engel des Menschen, des einzelnen Menschen, die Rede ist, wird er gerne der Schutzengel genannt. Verständlicherweise, denn dieser Schutz wird immer wieder eindrucksvoll erlebt. Doch der Engel ist uns nicht nur in der Gefahr nahe, er schützt nicht nur, er begleitet uns ständig, durch alle Erdenleben und auf allen Wegen vom Tod zur erneuten Geburt. Er bewahrt das Wissen um unser bisheriges Schicksal, das wir vergessen haben. Er kennt das Schicksal, das wir in dieses Erdenleben mitgebracht haben, er kennt auch den vorgesehenen Zeitpunkt unseres Todes. Da erwartet er uns, nicht früher. Wenn durch eigenen oder fremden Willen der Tod früher herbeigeführt wird, ist das ein Eingriff in das fürsorgliche Wirken des Engels. Unser Engel, immer derselbe Engel, hat uns begleitet, seit wir das Paradies verlassen haben, seit unser Erdenschicksal begonnen hat. Und er wird uns begleiten, bis wir unser Erdenziel erreicht haben, bis wir menschliche Erden-Menschen geworden sind, bis erfüllt ist, was mit dem Schöpferwort vom Ebenbild Gottes gemeint ist. Er begleitet uns ständig, aber die Art, wie er das tut, hat sich sehr verändert. Denn die Begleitung war früher eine Führung. Und diese hatte einen Zielpunkt: den individuellen, verantwortlichen und freien

Menschen. Der Glanz der Persönlichkeitskultur, wie sie im klassischen Griechenland aufgeblüht ist, hat nicht nur die Menschen damals bezaubert, sondern auch die Engel. Daher die himmlische Schönheit der griechischen Kunst, die den idealen Menschen im Bild vorwegnimmt.

Die griechische Kultur hat auch Engel bezaubert, denn sie haben uns zwar auf dem Weg zum individuellen Menschen geführt, aber wie der zu sich selbst erwachte Mensch aussieht, wie jeder Einzelne aussieht, das können auch Engel erst wissen, wenn dieser Mensch erscheint. Engel haben dorthin «geführt» – dieses Wort wird der Art des Engelwirkens nicht ganz gerecht. Denn diese Führung war ein Geschenk an den Menschen. Und Engel schenken nicht etwas, sie schenken sich selbst. Engel handeln ganz anders als Menschen. Menschen stellen sich gerne, bevor sie tätig werden, vor, was sie tun wollen, wie sie es tun wollen und welches Ziel sie erreichen wollen. Menschen handeln gerne überlegt, aus einem Wissen um sich und die Welt. Engel handeln nicht aus Wissen, sondern aus Liebe. Und Engel werden weise, nachdem sie gehandelt haben – wenn ihre Liebe von dem Beschenkten, von anderen Engeln oder von Menschen, angenommen wird. Engel konnten nicht wissen, wie Persönlichkeitskultur aussieht, ehe diese aus den griechischen Tempeln zum Himmel emporblühte.

Engel haben die Menschen der Frühzeit zur Persönlichkeitskultur hingeleitet durch eine Differenzierung im Schicksal, durch wechselnde Inkarnationen als Frauen oder Männer, als Angehörige verschiedener Völker, als Zeitgenossen verschiedener Erzengel-Regentschaften, durch kurze oder lange Erdenleben ... Durch unterschiedliche Schicksale wurden verschiedenartige Persönlichkeiten ausgebildet. Doch welchen Inhalt diese Persönlichkeitskultur entwickelt, das können Engel nicht vorausbestimmen, das können und wollen sie dem Menschen überlassen. Wie es klingt, wenn der Mensch «ich» zu sich sagt, das ist überraschend für Engel, die dieses Ich-Sagen so lange und so sorgfältig vorbereitet haben. Sie haben damals nicht von außen am Menschen geformt, sondern sie haben ihr Eigenwesen hineinverwoben in die Persönlichkeit des Menschen. Und damit haben sie sich unwiderruflich verbunden mit dem Schicksal ihres Menschen. Wenn der Mensch sein Erdenziel erreicht, dann tut es in ihm auch sein Engel. Wenn der Mensch von seinem Weg abweicht, wenn er den Dämonen verfällt, so stürzt auch sein Engel mit in den Abgrund. Der Mensch ist das Schicksal des Engels. So versteht der Engel die Liebe zu seinem Menschen, dass er ihn fähig macht, über sein eigenes Schicksal zu entscheiden und zugleich über das Schicksal seines Engels. Anders kann der Mensch nicht zu dem menschlichen Menschen werden, der mit der Schöpfung gemeint ist. Er hat die Verantwortung für sich selbst zu übernehmen und für seinen Engel, lange bevor er dafür wirklich reif ist. Die Verwirklichung des Schöpferwortes ist ein hohes Ziel – und ein hohes Wagnis.

Menschen sind oft stolz darauf, dass sie für sich selbst sorgen und für sich selbst einstehen können – nicht immer, nicht in der Kindheit, nicht im Alter, nicht in der Krankheit, nicht in der seelischen Not. Engel kennen diesen Stolz nicht. Sie erleben sich in der Hingabe an andere, in der Liebe zu anderen. Wie Menschen vielleicht manchmal auch. Sich selbst zu erleben in der Selbstvergessenheit, sich zu erleben im Du des anderen, das schafft die Harmonie, die zwischen Engeln wirkt, die Engel trägt. Sich selbst zu verstehen im Lauschen auf den anderen, das ist es, was wir Menschen heute von Engeln lernen können.

Oft wird davon gesprochen, dass Engel auf einer früheren planetarischen Entwicklungsstufe unserer Erde ihre Menschheitsstufe durchlebt haben, die Erzengel auf einer noch früheren Entwicklungsstufe und so fort. Und dass auf einer künftigen Entwicklungsstufe der Mensch ein Engel sein werde. Vorausgesetzt dass er nicht zurückbleibt in seiner Entwicklung, wie die heutigen Dämonen zurückgebliebene Engel sind. – Das ist sicher richtig gedacht, klingt aber allzu sehr nach dem Versetzungssystem unserer Schulen: Wer sitzen bleibt, erreicht das Ende der Schulzeit ein Jahr später. Das Ziel einer planetarischen Entwicklungsstufe kann auch später noch erreicht werden, allerdings nur durch die Hilfe der anderen. Wenn diese anderen, die später helfen können, heute nicht die Hoffnung aufgeben. Deshalb ist es entscheidend, dass wir Menschen heute nicht einen einzigen Menschen aufgeben, was auch immer er getan hat.

Wenn es auch richtig ist, von einer früheren Menschheitsstufe in der Entwicklung der heutigen Engel zu sprechen, so darf diese doch nicht allzu ähnlich der heutigen menschlichen Existenz vorgestellt werden. Eine so harte, feste Erde gab es damals nicht, ein so gottfernes Bewusstsein gab es damals nicht, eine so machtvolle Bedrohung durch Dämonen gab es damals nicht. Das große Wagnis, das die Entwicklung der heutigen Menschen in sich schließt, ist, soweit wir sehen, erstmalig – und auch das Ziel der Entwicklung. So, genau so wie die heutigen Menschen waren Engel nicht, als sie ihre Menschheitsstufe durchlebten. Und es ist wirklich nicht leicht, heute Mensch zu werden. Aber wenn es gelingt, ist viel gelungen.

Und es ist wirklich nicht leicht, heute Engel zu sein. Einen Menschen zu lieben und doch zu schweigen, wenn er stürzt. Da bilden sich Engel-Qualitäten aus, die in dieser Art neu sind. Wir Menschen brauchen starke und schweigsame Engel, um den paradiesischen Ursprung zu vergessen und uns ganz auf die Erde einzulassen.

Wie wir angewiesen sind auf die wartenden Engel, um menschliche Menschen zu werden, so gibt es auch jemanden, der auf uns angewiesen ist. Die Erde. Als sich vor zweitausend Jahren der ostasiatische Mahayana-Buddhismus entwickelte, verlangte man nicht von den Mönchen, wie es in Europa üblich war, eine Verpflichtung zu lebenslangem Gehorsam gegenüber dem Abt. Gehorsam ja, solange man im Kloster lebte. Aber das Kloster konnte man jederzeit verlassen, ohne ein Gelübde zu brechen. Wer jedoch unter der Anleitung des Abtes zu meditieren begann, hatte das «Bodhisattva-Gelübde» abzulegen, das für alle Zukunft galt: Ich will durch Meditation nicht die Erlösung für mich allein anstreben. Erlösung suche ich nur, wenn alle Menschen, wenn die ganze Natur mit erlöst wird.

Als Erden-Menschen können wir uns nur entwickeln, weil es die Natur gibt, die uns ernährt, die in ihrer Gesetzhaftigkeit das Widerlager für unser Selbstbewusstsein bildet. Doch ist die Natur von ihrem Ursprung her gesetzhaft geordnet? Ist der «Kampf ums Dasein» zwischen den einzelnen Tieren ein notwendiges Lebensgesetz, wie Biologen es bis heute oft darstellen? Oder ist im Naturgesetz eine ursprünglichere Beziehung zwischen Naturwesen und Naturwesen bis zur Berechenbarkeit geronnen? Heißt Erlösung der Natur dann die Auflösung der Gesetzhaftigkeit, die Wiederherstellung einer geschwisterlichen Beziehung zwischen Menschen, Tieren, Pflanzen und Steinen? Denn wer Feind eines anderen ist, der ist seinem eigenen Wesen entfremdet.

Die schwedische Dichterin Selma Lagerlöf hat am Beginn des 20. Jahrhunderts die geschwisterliche

Beziehung zwischen Mensch und Natur besonders schön in ihren Christus-Legenden dargestellt. In der Heiligen Nacht, so sagt sie, hat die Erde bemerkt, wer in Bethlehem geboren wurde. Die Erde wurde still, es gab für diese Nacht nicht mehr den Kampf ums Dasein, sondern Frieden. Und wenn das Jesuskind später mit Tieren und Pflanzen umging, dann wurden diese zu seinen Freunden, zu seinen Gespielen.[10] Wartet die Natur auf uns, auf den menschlichen Menschen, um sie selbst zu werden, nicht mehr ein Gefüge von gesetzhaften Bestimmungen?

Wie Engel ihr Entwicklungsziel nur zusammen mit dem Menschen erreichen, so der Mensch das seine nur zusammen mit der Erde. Wie der Mensch das Schicksal der Engel ist, so die Erde das Schicksal des Menschen. Christus ist nicht auf der Flucht von der Erde zu finden, sondern in der Verantwortung für die Erde und in der Liebe zu ihr. Der Mahayana-Buddhist in seinem Bodhisattva-Gelübde ist Christus sehr nahe, näher als ein naturverachtender Kirchenbesucher in Europa. Denn Christus ist in der Erde begraben und seitdem nur in der Zuwendung zur Erde zu finden.

Im alten China gab es eine Sage über den Beginn der Erdenkultur: Zu Anfang lebten die Menschen auf

Inseln weit vor der Küste Chinas. In einer Art Paradies zusammen mit den Göttern. Da gab es weder Leid noch Krankheit und Tod. Und doch hatten die Menschen die Sehnsucht, festen Boden unter den Füßen zu spüren, nicht auf den Inseln im Meer zu schwimmen. Das hörten die Götter und schickten Riesenschildkröten, welche die Menschen nach China brachten.

Vor zweitausend Jahren rüsteten mehrere Kaiser Flotten aus, um diese Inseln wiederzufinden. Vergeblich. Aber die Kaiser legten Gärten an, die ein Abbild dieser Inseln waren, die für das Auge, für das Ohr und für den Geruchssinn bis in jede Einzelheit paradiesisch komponiert waren. Denn, so hofften die Kaiser, wenn die Anlage paradiesisch war, würde das die Götter einladen. Und wenn sie den chinesischen Garten aufsuchten, würden sie ja wohl auch die Geheimnisse des ewigen Lebens mitbringen.

Nicht die Natur retten wollen, indem sich der Mensch zurückzieht, nicht zurück zum Urwald, das ist kein zeitgemäßer Weg. Dieser führt vielmehr vorwärts zu einer Natur, die vom Menschen durchdrungen ist. In der Menschen, Tiere, Pflanzen und Steine wieder miteinander sprechen können. Nach Jahrtausenden der Geschichte haben wir uns viel zu sagen.

Wo Menschen ohne Feindschaft gegen die Machthaber die Menschlichkeit einfach gelebt haben, nicht um eines Erfolges, sondern nur um der Menschlichkeit willen, da beginnt die Verwandlung des Bösen.

Weshalb gibt es das Böse?

Wenn es das Böse nicht gäbe, so wird oft gesagt, dann könnte der Mensch sich auch nicht für das Gute entscheiden, er müsste ihm notwendig folgen. Und ist das, was ich notwendig tun muss, noch gut? Jedoch: Rechtfertigt dieser Satz die 175 Millionen Toten durch politischen Terror während des 20. Jahrhunderts? Und die Leiden derer, die den Toten nahestanden? Und reichen denn, so kann weiter gefragt werden, die Kräfte des Guten, um all das wieder aufzubauen, was die Bösen zerstört haben? Wäre es nicht besser, wir hätten keine Wahlmöglichkeit und es gäbe das Böse überhaupt nicht in der Schöpfung, die aus dem Gott der Liebe hervorgeht?

Wer nicht ausweicht, sondern ehrlich auf das blickt, was Menschen anderen Menschen angetan haben und bis heute antun, kann doch wohl zunächst nur verstummen aus Scham darüber, dass er Zeitgenosse und mit verantwortlich ist. Es ist doch unfassbar, es ist unverständlich, dass Menschen unmenschlich werden – und doch ihr menschliches Antlitz behalten. Wer sich diesem «Unverständlich» nicht stellt, geht am Thema vorbei, flüchtet in intellektuelle Scheinargumente. Erst wenn dieses «Unverständlich» uns sprachlos gemacht hat, können wir ahnen, was Engel empfinden, wenn sie auf ihre gestürzten Brüder blicken.

Wie ist es möglich, dass sich Engel, die in wunderbarer Harmonie miteinander leben, aus der himmlischen Welt lösen? Leiden nur Engel unter dieser Trennung oder leiden auch Dämonen? Kann vielleicht in diesen Dämonen, in einzelnen Augenblicken, die verdeckte Engel-Natur aufleuchten, wie in einem Menschen, der einen anderen foltert, ein Licht aufleuchten kann, wenn er die Stimme eines Kindes hört? Sind die «Bösen» wirklich unwiderruflich dem Verderben anheimgefallen? Oder kann das verborgene Licht im Innern, für Augenblicke, die finstere Hülle durchbrechen und sich den Weg in die lichte Welt bahnen? Ein tröstlicher Gedanke, der es aber noch schwerer macht, das Böse-Werden zu verstehen.

Deshalb muss die Frage in eine noch tiefere Schicht vordringen. Das tut sie im Koran, in der siebenten und in der fünfzehnten Sure. Dort wird berichtet, dass Gott, nachdem er den Menschen geschaffen hatte, die Engel aufforderte, ihr Knie vor dem Menschen zu beugen. Das tun alle Engel, alle außer einem, außer Iblis (Satanas), einem der höchsten Engel, der sich darauf beruft, er sei besser als der Mensch, den Gott eben aus Lehm geformt hatte.[11] Damit hat der Engel ja recht. Aber der Mensch ist nicht nur der eben aus Lehm Geschaffene, er hat nicht nur die «Natur-Seite» seines Wesens, sondern er ist das Ebenbild Gottes, und vor dem beugen die anderen Engel ihr Knie. Weil Iblis dieses Schöpferwort nicht achtet, wird er aus dem Himmel verstoßen. Iblis ficht, so die Botschaft des Koran, also nicht die bisherige Ordnung der himmlischen Welt an, er beruft sich sogar auf sie, aber er wendet sich nicht dem Neuen zu, das Gott mit dem Menschen und mit der Erde will. Der Mensch ist also nicht in eine Welt hinein erschaffen, in der es Gut und Böse schon gibt. Das Böse entsteht auch nicht erst, als der Mensch ein göttliches Gebot bricht. Sondern es entsteht, weil das Neue, das Große, das Gott mit dem Menschen will, nicht selbstverständlich in der lichten Welt des Himmels angenommen werden kann. Es entsteht nicht wegen des aus Lehm geschaffenen Menschen, sondern wegen des Schöpferwortes, das in ihm ruht.

Der Teufel ist, so verstanden, nicht – wie Goethes Mephisto – die Macht, die das Böse will, doch letztlich stets das Gute schafft. Dämonen sind eine starke Gegenmacht gegen den göttlichen Willen, und der

Mensch ist ein echtes Risiko. Die Dämonen könnten siegen. Doch für ein hohes Ziel, den menschlichen Menschen, ist ein hoher Einsatz nötig.

Dass Menschen Böses tun, dass sie damit schuldig werden, ist seit Jahrtausenden verstanden worden. Und die Grausamkeiten des 20. Jahrhunderts sind in den Folterkammern der Vergangenheit vorausgenommen worden. Dennoch empfinden aufmerksame Menschen, dass heute etwas anders ist. Wer von Schuld spricht, denkt auch an deren mögliche Sühne, im Leben auf der Erde oder nach dem Tod. Denn wenn die Seele des Menschen vom Bösen ergriffen ist, so ist es noch nicht das Ich. Heute aber berührt der Mensch mit seinem Ich die Welt der Engel – und der Dämonen. Da kann der Mensch nicht nur Böses tun, da kann er böse werden. Menschen können Dämonen werden.

Der russische Historiker Dimitri Lichatschow erzählt in seinen Lebenserinnerungen von der Belagerung St. Petersburgs während des Zweiten Weltkriegs, von der unvorstellbaren Not, unter der damals in dieser einzigen Stadt 1,2 Millionen Menschen starben. Die Dramatik der Kriegszeit war in St. Petersburg konzentriert und gesteigert. Wie haben sich die Menschen unter diesen Verhältnissen verändert? «Im Hunger haben die Menschen sich offenbart, entblößt, sich frei gemacht von jeglichem Flitter: Die einen erwiesen sich als bemerkenswerte, unvergleichliche Helden, die anderen als Bösewichter, Schufte, Mörder, Menschenfresser. Dazwischen gab es nichts. Alles war wirklich. Der Himmel hatte sich aufgetan, und im Himmel sah man Gott. Die Guten sahen ihn klar vor sich. Es geschahen Wunder.»[12] Die Belagerten trennten sich also in zwei Richtungen, sie wurden Genossen der Dämonen oder der Engel.

Das ist die Wende, die sich im 20. Jahrhundert vollzogen hat: Die Chance wie das Risiko des Menschseins wurde greifbar. Im Rückblick auf seine Erfahrungen im Konzentrationslager hat der Wiener Psychiater Victor E. Frankl deshalb gesagt: «Wir haben den Menschen kennengelernt wie vielleicht bisher noch keine Generation. Was also ist der Mensch? Er ist das Wesen, das immer *entscheidet,* was es ist. Er ist das Wesen, das die Gaskammern erfunden hat; aber zugleich ist er auch das Wesen, das in die Gaskammern gegangen ist aufrecht und ein Gebet auf den Lippen.»[13]

Nicht diejenigen waren die bedeutenden Menschen des 20. Jahrhunderts, über die dicke Bücher geschrieben werden, sondern diejenigen, die Menschlichkeit gelebt haben auch im Blick auf ihre Peiniger. In ihnen hat die Verwandlung des Bösen begonnen. In ihnen hat das Licht aufgeleuchtet, das Engel erhoffen, wenn sie auf ihre gestürzten Brüder blicken. Heute geht es nicht mehr darum, das Böse zurückzuweisen, sondern es zu wandeln.

Den Wert dieses durch die Hölle hindurchgegangenen Himmelslichtes kann man auch in einem schlichten Bild schildern, wie das Märchen es tut. Der König hat seine Keller voll Gold. Die Tochter aber, die Zukunft seines Reiches, will er demjenigen geben, der die drei goldenen Haare vom Kopf des Teufels holt. Diese wenigen Gramm Gold! Aber ein Gold, das durch die Hölle hindurchgegangen und in den Himmel zurückgekehrt ist. Ein Gold, eine Weisheit, die man im Himmel noch nicht kennt. Ohne es zu wissen und ohne es zu wollen, haben die Dämonen bei ihrem Sturz diese Reife der himmlischen Weisheit eingeleitet. Doch das himmlische Gold findet nicht durch sich selbst den Weg zurück zum Himmel, sondern nur durch den Menschen, der den Mut hat, sich diese Aufgabe zu stellen.

Wo Menschen ohne Feindschaft gegen die Machthaber die Menschlichkeit einfach gelebt haben, nicht um eines Erfolges, sondern nur um der Menschlichkeit willen, da beginnt die Verwandlung des Bösen. Und sie hat begonnen. Aber deutlicher ist schon zu erkennen, wie der moderne Mensch den Mut und die Sicherheit gewinnt, diesen Weg zu gehen.

In einer Rede hat der ungarische Schriftsteller Imre Kertész gefragt, was eigentlich dieses 20. Jahrhundert gewesen sei, das wir durchlebt haben. Es war nicht das moralische Versagen von ein oder zwei Generationen, so sagt er, sondern wir haben in den Abgrund des Menschen geschaut.[14] In den Abgrund unter einem jeden von uns, so möchte man hinzufügen. Aus diesem Abgrund steigt die Gefahr auf, für jeden von uns, dass er ein Dämon wird. Solange der Boden der Tradition noch getragen hat, haben die Füße auf dem Weg durch das Leben festen Halt gehabt. Über dem Abgrund aber gibt es keine Stütze mehr. Entweder trage ich mich selbst – oder ich stürze, ins Bodenlose. Der Mensch aber, der die goldenen Haare vom Kopf des Teufels zum Himmel zurückbringen will, der braucht die Fähigkeit, sich selbst zu tragen: zu handeln, weil er handeln will, nicht weil etwas ihn zum Handeln veranlasst. In dem «Ich will, weil ICH will» beginnt derjenige Mensch zu sprechen, der mit dem Schöpferwort gemeint ist.

Wenn von der Beziehung zwischen Menschen und Engeln die Rede ist, wird der Mensch gerne als eine zehnte Hierarchie bezeichnet. Nicht mehr während der Erdenzeit, aber in einer fernen Zukunft werde der Mensch so sein wie heute die Engel. Hoffen wir, dass die Menschen, dass alle Menschen ihr Erdenziel erreichen. Aber der Blick in den Abgrund zeigt doch auch deutlich einen Unterschied zwischen Engeln und Menschen. Engel sind getragen durch die Harmonie zwischen ihnen. Der Mensch lernt, sich selbst zu tragen, und die individualisierten Menschen verbinden sich dann erst zur Menschheit. Die Menschen haben Erden-Erfahrungen, die den Engeln fehlen. Diese Erden-Erfahrungen finden ihre Erfüllung aber erst, wenn der Blick von Engeln auf ihnen ruht – nach dem Tod oder am Ende der Erdenzeit. Der Mensch bringt den Engeln dann die Erde mit – und hoffentlich auch die Dämonen.

Es gibt nur ein Mittel, der Zerstörungssucht Einhalt zu gebieten: Der von ihr Befallene braucht die Begegnung mit Menschen, an denen er den im Leben erprobten Glauben an einen wirksamen Geist wahrnehmen kann.

Dämonische Besessenheit

Das theologische und das psychologische Verständnis der Besessenheit

Wenn die katholische Theologie von Besessenheit spricht, beruft sie sich auf die Evangelienberichte über die Dämonenaustreibungen Christi und auf ihre lange Praxis des Exorzismus. Ein dämonisches Wesen, so sagt sie, könne zeitweise vom Menschen Besitz ergreifen und dann durch ihn sprechen oder handeln. Ein Verdacht auf Besessenheit bestehe, wenn drei Symptome auftreten: «unerklärliche Kenntnis fremder Sprachen, Kenntnis auf natürliche Weise nicht erkennbarer und geheimer Geschehnisse und schließlich die Bekundung übermenschlicher physischer Kräfte».[15] Um diesen Verdacht zu bestätigen oder zu entkräften, wird die Handlung des Exorzismus ausgeführt, denn diese zwinge die dämonische Macht zur Selbstoffenbarung. «Es treten zum Beispiel Lähmungen auf, Taubheit, Stummheit, Blindheit, Meteorismus, Schmerzen und Krankheitserscheinungen verschiedenster Art. Der Körper kann sogar emporgehoben werden oder wie in einer Ekstase strahlen. Zu diesem Zustand gehören außerdem Empfindungslosigkeit und Amnesie.»[16] Der Exorzismus wird, wenn die Besessenheit bestätigt wird, so oft wiederholt, bis die Dämonen den Menschen freigeben.

Beim Exorzismus bilden also die Provozierung der Symptome, die Erkenntnis vom Tatbestand der Besessenheit und die praktische Hilfe eine untrennbare Einheit. Die Kenntnis des Priesters wurzelt in der praktischen Erfahrung, aber sie ist durch die Tradition des Exorzismus eingeengt, denn der Priester ist in seinem Urteil und in seinem Auftrag an das Auftreten genau bestimmter Symptome gebunden. Andererseits wird zugegeben, dass keines der genannten Kriterien und auch nicht ihr vereintes Auftreten auf Besessenheit beruhen müsse. So sei es nicht leicht, vielleicht unmöglich, «eine Besessenheit von einer Geisteskrankheit und von gewissen parapsychologischen Phänomenen zu unterscheiden».[17] Da also der exorzierende Priester nicht aufgrund eigener Erkenntnis, sondern traditionsgebunden handelt, kann er sich nur in eingeschränktem Sinne auf das Vorbild Christi berufen. Auch haben, soweit wir wissen, weder Christus noch die Apostel ein Ritual für die Dämonenaustreibung eingesetzt, sondern sie haben den Dämonen einfach geboten, den Menschen zu verlassen. Und die Dämonen haben gehorcht.

In der geringen Offenheit für neue Erfahrung liegt die eine Schwäche des Exorzismus. Die andere besteht darin, dass der Priester zwar (hoffentlich) den Dämon vertreibt, dass aber weniger Gewicht darauf gelegt wird, das Ich des besessenen Menschen zu stärken. Dem Willen des modernen Menschen zur Selbstverantwortlichkeit aber würde es entsprechen, wenn ein wesentlicher Anteil an der Lösung der Aufgabe in seine eigene Hand gelegt wäre.

Der Psychologe geht nicht, wie der Priester, von der Existenz eines dämonischen Geistes aus, sondern von dem Erscheinungsbild des «besessenen Menschen». Dabei sind zunächst die Veränderung der Gesichtszüge und der Stimme bemerkt worden, ebenso die Ausschaltung der eigenen Wesensart und das Eindringen einer dem betreffenden Menschen bisher fremden Verhaltensform.[18] Tiefenpsychologisch können diese Beobachtungen so gedeutet werden, dass sich bei einer entsprechenden krankhaften Veranlagung bestimmte unbewusste Seeleninhalte aus der Gesamtpersönlichkeit lösen, sich verselbstständigen und eine Art Ich-Charakter annehmen. «Die abgetrennten Teil-Iche treten dem Erlebenden dann wie selbstständige Wesenheiten ‹dämonisch› gegenüber.»[19] Diese tiefenpsychologische Erklärung gesteht also den Dämonen, die in der Besessenheit vielleicht sogar geschaut werden, durchaus eine Realität zu, sieht in ihnen aber nicht außermenschliche Wesen, sondern Teile der eigenen Seele des Besessenen. Während der psychotherapeutischen Behandlung soll der besessene Mensch lernen, in dem «dämonischen Wesen» einen Teil seiner eigenen Seele zu erkennen, diesen anzunehmen und damit die gestörte Einheit der Persönlichkeit wiederherzustellen.

Gegenüber dem Exorzismus besitzt die psychotherapeutische Behandlung zwei Vorzüge: Sie richtet sich intensiver auf den besessenen Menschen selbst und sie berücksichtigt mehr das individuelle Erscheinungsbild der Besessenheit. Aber erfasst diese psychologische Deutung den wirklichen Tatbestand? Ist es möglich, die außerordentlichen körperlichen und seelischen Leistungen des Besessenen aus der Existenz von Teil-Ichen zu erklären? Lässt sich auf diesem Weg die suggestive Wirkung, die der Besessene auf andere Menschen ausüben kann, befriedigend erklären?

Zwei Formen der Besessenheit

Das Phänomen der Besessenheit wird erst verständlich, wenn man beachtet, dass es in zwei ganz verschiedenartigen Seelenhaltungen auftreten kann. Häufiger beschrieben wurde jene Form der Besessenheit, die von der emotionalen Erregung des Menschen ausgeht – etwa während einer Großkundgebung in einer politischen Diktatur, wenn der Agitator die Masse zu Beifallsstürmen hinreißt. Die Menschen, anfangs noch individuell geprägt in ihrem Aussehen und Verhalten, werden zusehends einander ähnlicher: in ihren Gesichtszügen, im Tonfall ihrer Stimmen, in ihren Bewegungen und Gebärden. Der Blick wird unstet und ungerichtet, die Stimme schlägt über, die Bewegungen werden impulsiv und stoßartig. Das gewohnte Maß der Leidenschaft wird überschritten, auch die Äußerung der Kraft kann sich unerwartet steigern. Gleichzeitig wird die Fähigkeit des kritischen Denkens und der wachen Beobachtung herabgedämpft, die Gewalt der Emotion überschwemmt das bewusste Seelenleben und löscht die persönliche Eigenart des Menschen aus. Wahnvorstellungen werden für die

Wirklichkeit gehalten. Hitler war sich dieser Wirkung wohl bewusst, wenn er sagte: «In einer Massenversammlung ist das Denken ausgeschaltet. Und weil ich diesen Zustand brauche, weil er mir den größten Wirkungsgrad meiner Reden sichert, lasse ich alle in die Versammlungen schicken, wo sie mit zur Masse werden, ob sie wollen oder nicht. [...] Je größer die Masse ist, desto leichter lenkbar ist sie.»[20]

Ganz anders ist das Bild der Besessenheit, wenn sie von der Faszination durch einen bestimmten Gedanken ausgeht. Der Bankräuber, der im Bann der Vorstellung lebt, die Millionen eines Geldtransportes in seinen Besitz zu bringen, wird keineswegs die Fähigkeit der klaren Beobachtung und genauen Überlegung verlieren. Im Gegenteil, diese können sich zu höchster Wachsamkeit und zu unerwartetem Raffinement steigern. Das Denken kommt in den Sog einer Folgerichtigkeit, die das persönliche Intelligenzniveau bei Weitem übersteigen kann, jedoch ebenso unpersönlich wird wie die leidenschaftliche Erregung bei der Massenkundgebung. Das bewusste Seelenleben wird hier also nicht von der Emotion überflutet, sondern es löst sich aus der Verbindung mit dem Gemüt und verselbstständigt sich. Deshalb wird der Bankräuber nach seiner Verhaftung vielleicht mit voller Überzeugung sagen, er könne nicht verstehen, wie er auf den wehrlosen Bankbeamten habe schießen können. Gedanke und Beobachtung sind in der Faszination starr auf ein Ziel gerichtet, das den Menschen fesselt und zugleich blind macht für alle anderen Lebenszusammenhänge. Im Erscheinungsbild des faszinierten Menschen fallen die starren Gesichtszüge, der scharfe und furchterregende Blick, die harte Stimme und die fast marionettenhaften Bewegungen auf.

Emotion und Faszination, die in ihren Anfängen fast tagtäglich vorkommen, können sich so weit steigern, dass die eigene Verhaltenssteuerung des Menschen aussetzt und sich eine neue Lenkung von außen her machtvoll Bahn bricht. Deutlich ist der Umschlagspunkt zu beobachten, an dem eine unwiderstehliche Gewalt vom Menschen Besitz ergreift und die Führung an sich reißt. In diesem Augenblick ist es berechtigt, von Besessenheit zu sprechen. Dass in vielen Fällen von Besessenheit der unbewusste Teil des Seelenlebens aktiviert wird, scheint zunächst für die oben erläuterte psychologische Deutung zu sprechen. Aber es bleibt dann unverständlich, weshalb Verhalten und Erscheinungsbild der einzelnen Menschen in diesem Zustand immer ähnlicher werden, während das bei einem echten Ergriffensein von einem großen Kunstwerk nicht der Fall ist. Und vor allem fehlt eine überzeugende Erklärung dafür, dass Besessenheit unter ganz verschiedenartigen Bedingungen auftreten kann: wenn der Mensch ein deutliches Bewusstsein von der Umwelt verliert und sich auf den Wogen der Emotion treiben lässt – aber auch wenn er in den Sog der Faszination gerät und sich von den Eindrücken der Umwelt fesseln lässt.

Wenn man den Augenblick beachtet, in dem die persönliche Führung des Menschen aussetzt und eine neue, unpersönliche Macht eingreift, so bietet sich doch wohl weniger das Bild eines aufsteigenden unbewussten Seeleninhaltes oder verdrängter Teil-Iche als vielmehr das Bild eines Einbruchs in das menschliche Seelengefüge. Eine geheimnisvolle Macht, die *nicht* zum Menschen gehört, ergreift mehr oder minder von ihm Besitz. Daher die Empfindung des Fremdartigen, ja Unheimlichen, die wir vor allem gegenüber dem Menschen in der Faszination haben. Daher auch das Gefühl der Öde und Leerheit, das den Menschen befällt, wenn er nach der Zeit der Besessenheit wieder zu sich selbst findet, zu seinem ausgehöhlten Ich.

So legt die Beobachtung den Gedanken an außermenschliche Mächte nahe, auf deren Eingreifen die Besessenheit beruht. In seiner geisteswissenschaftlichen Forschung hat Rudolf Steiner von zwei Wesen gesprochen, die unmittelbar in das menschliche Wesen eingreifen können: von Luzifer, der die Fähigkeit der Begeisterung schenkt, uns aber auch zu blinder Leidenschaft hinreißt – und von Ahriman, dem wir die Fähigkeit des kritischen Verstandes verdanken, der aber auch zu kalt berechnendem, rücksichtslosem Handeln verführt. Unschwer ist wohl das Wirken dieser beiden Mächte in den zwei geschilderten Formen der Besessenheit wiederzuerkennen.

Wer in der Erziehung oder in der sozialen Arbeit den Problemen von emotionaler Erregbarkeit und von Faszination begegnet, wird recht genau unterscheiden: Der emotional gefährdete Mensch braucht gesteigertes Interesse für die Welt, er möchte für konkrete Aufgaben gewonnen und begeistert werden. Der Mensch, dessen Sinn, fasziniert, auf einen engen Ausschnitt der Welt gerichtet ist, möchte geweckt werden für die Wahrnehmung des anderen Menschen, für dessen Schicksal und für dessen individuelle Wesensart. Hier geht es zunächst nicht um die Wandlung der Seele, sondern um ein neues Verhältnis zum Mitmenschen. Bei beiden aber sollte eine Stärkung des Ich angestrebt werden, um künftigen Gefährdungen gewachsen zu sein.

Aggressivität und Zerstörungssucht

In der Emotion wie auch in der Faszination kann sich der Mensch zerstörend gegen seine Umwelt wenden – aber er tut es in ganz verschiedener Weise. Hat sich eine Erregung gestaut, ist sie übermächtig geworden, so verlangt sie nach Entladung. Wenn die Wut verraucht, wenn sie abreagiert ist, an welchem Menschen oder Gegenstand auch immer, so ist der Mensch wieder ansprechbar.

Von diesem oft beschriebenen Abreagieren der Emotion ist eine andere Erscheinung zu unterscheiden, die im Zusammenhang mit der Faszination steht und als Zerstörungssucht bezeichnet werden kann. Sie scheint erst in jüngster Zeit deutlich hervorzutreten. In seinem Schauspiel *Nun singen sie wieder* hat Max Frisch einen Menschen geschildert, der von ihr beherrscht wird: den deutschen Soldaten Herbert während des Zweiten Weltkrieges. Dieser hat sich freiwillig zur standrechtlichen Erschießung seines ehemaligen Lehrers gemeldet und hält diesem nun vor, im Unterricht immer wieder vom Geist geredet, aber nicht wirklich an ihn geglaubt zu haben. Deshalb sei die Suche des Schülers nach dem wirklichen Geist unerfüllt geblieben. Und mit dem Leben des Lehrers will der Soldat nun auch das wesenlose Gerede vom Geist austilgen. «Ich werde töten, bis der Geist aus seinem Dunkel tritt, wenn es ihn gibt, und bis der Geist mich selber bezwingt. Man wird uns fluchen, Jahrhunderte lang. Wir aber sind es, die den wirklichen Geist ans Licht gezwungen, wir allein – gesetzt den Fall, dass nicht die Welt mit uns zugrunde geht, weil es den Geist, den unbezwinglichen, nicht gibt.»[21]

Max Frisch weist darauf hin, dass die Zerstörungssucht nicht abklingt wie die Aggressivität, sondern sich ins Grenzenlose fortsetzt. Auch kann sie nicht ins Positive gewendet werden – wie sich die

Emotion zur Begeisterung läutern lässt. Es gibt nur ein Mittel, der Zerstörungssucht Einhalt zu gebieten: Der von ihr Befallene braucht die Begegnung mit Menschen, an denen er den im Leben erprobten Glauben an einen wirksamen Geist wahrnehmen kann.

Macht ist nicht etwas, das ein Mensch hat, sondern die Macht hat den Menschen im Griff.

Der Dämon der Macht

Dämonen sind gestürzte Engel

Dämonen sind gestürzte Engel. Am Beginn der Weltentwicklung gehörten sie zu den lichten Geistern, die zu Gott aufschauen und in Harmonie miteinander leben.

Jedes Geschöpf trägt in der Tiefe seines Wesens das Wort, das es geschaffen hat. Auch Luzifer und Ahriman können nur existieren, weil Gott sie gewollt hat – als Engel gewollt. Durch das Geschöpf kann das göttliche Schöpferwort nicht aufgehoben werden, was immer das Geschöpf tut. Das Wesen Luzifers und Ahrimans ist verfinstert durch ihren Sturz aus dem Himmel und durch ihre Missachtung der göttlichen Weltordnung. Aber sie sind und bleiben Engel, wie auch der Mensch ein Mensch ist und bleibt und seine Menschenwürde behält, was immer er tut. Dämonen haben eine verletzte, verschmähte Engelwürde, aber nehmen kann ihnen die niemand, auch sie selbst nicht. Denn die Würde eines Wesens kommt nicht aus diesem selbst, sondern aus ihrem Schöpfer. Und Gott trägt durch sein Schöpferwort Engel und Dämonen, er hat sie alle zum Dasein geliebt.

Gibt es einen Weg, auf dem die Engelwürde der Dämonen wiederhergestellt werden kann? Der göttliche Schöpferwille wieder zur Geltung kommen kann?

Die Kraft eines Engels ist nicht, wie man vielleicht meinen könnte, durch seinen Rang innerhalb der Engelwelt bestimmt. Und sie ist nicht ein für alle Mal bestimmt. Engel werden umso stärker, je mehr sie gemäß ihrem eigenen Wesen wirken können, je mehr die Liebe, die sie geben, angenommen wird. Wenn der Mensch die Gaben seines Engels so anwendet, wie sie gemeint sind, wenn er verantwortlich handelt, zu sich selbst findet, dann gewinnt sein Engel an Kraft. Und das gilt auch für höhere Engel. Wenn die Weisheit und die Liebe, die sie schenken, von anderen Engeln oder von Menschen aufgenommen werden, so wächst ihre Kraft.

Engel sind aufeinander angewiesen, sie haben ihre Bedeutung im Ganzen der Weltordnung nicht durch sich selbst, sondern durch das, was *zwischen* ihnen geschieht. Weil sie nicht sich selbst, sondern den anderen, einen Engel oder einen Menschen, wollen, können Engel im Einklang mit dem göttlichen Willen stehen. Nicht nur der einzelne Engel, sondern die Engelwelt als Ganze ist auf ihren Ursprung, auf Gott hin orientiert.

Dämonen haben mit der Lösung aus der Engelwelt auch diesen Einklang verloren. Sie wollen nicht den anderen, sondern sich selbst. Ihre Kraft können sie nicht mehr dadurch steigern, dass Menschen ihre Gaben annehmen, sondern dadurch, dass sie Erfolg haben. Jeder Erfolg des Bösen steigert die Kraft des Bösen. Jeder Erfolg aber entfernt die Dämonen noch weiter von den Engeln. Darin liegt die Tragik im Schicksal der Dämonen: Je mehr sie erreichen, desto fremder werden sie sich selbst, dem göttlichen Wort, das sie geschaffen hat und das auch heute noch auf dem Grund ihres Wesens liegt.

Erfolg kann, schon unter Menschen, nur die Geltung in der Welt steigern, aber nicht die Kraft des Ich. Das Ich stellt seine Kraft immer wieder her im erquickenden Schlaf, also wenn der Mensch sich nicht, wie im Tagesbewusstsein, der Welt gegenüberstellt, sondern in diejenigen geistigen Zusammenhänge eintaucht, über die er am Tag nachgedacht hat. Aus der Verbundenheit, aus der Kommunikation gewinnt das Ich seine Kraft, denn es lebt nicht aus sich selbst heraus, sondern aus der Beziehung zur Welt. Im Tagesbewusstsein kann das Ich durch solche Taten gestärkt werden, die im Einklang mit dem Weltzusammenhang stehen, die dem tieferen Sinn der Welt gerecht werden. Ich-starke Menschen sind nicht diejenigen, die ihre eigene Persönlichkeit gegenüber anderen behaupten, sondern diejenigen, die offen sind für die Welt, aus denen die Welt spricht. Ich-starke Menschen können zuhören, ohne fortdauernd ihre eigene Meinung zur Geltung zu bringen.

Auch Dämonen stärken durch Erfolg nicht ihr Ich, ihr eigentliches, engelhaftes Wesen, sondern sie steigern ihre Geltung in der Welt. Das heißt: ihre Macht. Was oder wer aber ist diese Macht, wenn sie nicht das Ich des Dämons ist? Wenn sie sogar den Dämon seinem eigentlichen Wesen entfremdet?

Die Macht der Dämonen

Bereits aus der Alltagserfahrung wissen wir, dass Menschen, die auf persönlichen Erfolg aus sind, unter den zwingenden Anspruch eines Strebens nach größeren und immer größeren Erfolgen geraten. Dass Menschen, die nur auf Geld aus sind, mehr und mehr an sich raffen müssen. Erfolg und Macht bringen nicht eine Zufriedenheit mit dem Erworbenen, sie können sich selbst keine Grenzen setzen, sondern verführen zur Maßlosigkeit. Die Tyrannen des 20. Jahrhunderts, ob sie nun auf einem Thron oder nur auf einem Hocker gesessen haben, waren vom Anspruch der Macht noch mehr beherrscht als die Untertanen. Auf dem vierten tschechoslowakischen Schriftstellerkongress im Juni 1967, der ja den «Prager Frühling» des folgenden Jahres eingeleitet hat, beschrieb Ludvik Vaculik recht treffend diese Tendenz, die der Macht innewohnt: Erstens will sie weiter bestehen, zweitens «reinigt» sie sich von allen Fremdkörpern, bis jeder ihrer Teile austauschbar ist, drittens verselbstständigt sie sich, sie wird zur Macht um der Macht willen, und schließlich «dynastisiert» sie sich, sie lässt sich durch eine Volksversammlung legalisieren.[22] Macht ist nicht etwas, das ein Mensch hat, sondern die Macht hat den Menschen im Griff. Und das gilt auch für Dämonen. Nicht von ihnen geht die Macht aus, sondern sie stehen selbst unter dem Zwang, durch immer weiter gehende Erfolge die Macht der Macht zu steigern, die dann die Dämonen mehr und immer mehr beherrscht.

Was oder wer aber ist die Macht, die aus sich heraus und nicht durch den «Machthaber» besteht? Das ist ein Geheimnis des Bösen, das nicht freiwillig preisgegeben wird, sondern erst wenn das Böse einmal überwunden wird. Wie Siegfried auch erst von der wundersamen Wirkung des Drachenblutes erfährt, als er den Drachen Fafner getötet hat.

Eine solche Überwindung des Bösen hat es im Jahr 1989 gegeben. Als Menschen auf die Straße gingen, um nicht etwas, eine Parole oder ein Programm, sondern sich selbst der Macht entgegenzustellen, als sie nicht Macht gebrauchten, um die bestehende Macht zu verdrängen, sondern gewaltlos blieben, als sie nicht diese oder jene Verbesserung ihrer Lage wünschten, sondern Menschlichkeit wollten, da forderten sie denjenigen heraus, der Menschen und

Dämonen beherrscht. Ihn selbst, den ich als Dämon der Macht bezeichnen möchte. Sie zwangen durch ihre innere Haltung den Dämon der Macht, auf sie hinzuschauen – und durch sie hindurch auf den Engel, der stärker ist als Dämonen, auch als der Dämon der Macht, auf Michael. Durch diesen Anblick wurde der Dämon der Macht gelähmt. Der erteilte Schießbefehl wurde nicht ausgeführt, die Mauer, die nach den Worten des Tyrannen auf dem Hocker noch weitere hundert Jahre stehen sollte, brach von heute auf morgen zusammen. Der «Machthaber» musste zurücktreten, weil der Griff des Dämons der Macht ihn nicht mehr hielt. Und zurück blieb ein jämmerliches Häufchen Unbedeutendheit.

Was in wenigen Tagen in Leipzig, in Prag, in Warschau und in Budapest geschehen ist, hat die Unterdrücker ebenso überrascht wie die Unterdrückten und auch die Menschen in aller Welt. Das sollte heute nicht wegdiskutiert werden, indem man den Politikern im Westen ein Vorauswissen andichtet. Wohl niemand in aller Welt hat geahnt, was geschehen würde und wie es geschehen würde. Als Zeitgenossen sind wir Augenzeugen eines Vorgangs geworden, der sich nicht nur in der irdischen, sondern auch in der geistigen Welt abgespielt hat. Ohne die Menschen, die auf die Straße gingen, wäre er nicht möglich gewesen. Diese waren, jedenfalls die meisten von ihnen, nicht frei von Angst, aber das war nicht entscheidend, sondern ihr Wille zum Mensch-Sein. Den Wendepunkt der Ereignisse brachte nicht dieses oder jenes, was durch Menschen auf beiden Seiten geschehen ist, sondern die Öffnung der Schranke zwischen irdischer und geistiger Welt. Die Menschen begegneten unmittelbar – nicht einem von der Macht beherrschten dämonischen Wesen, nicht Luzifer oder Ahriman, sondern dem Dämon der Macht selbst. Das brachte den Wendepunkt, dass dieser Dämon der Macht, durch Menschen gezwungen, auf Michael blicken musste – was er unbedingt zu vermeiden sucht.

Im Rückblick auf diese Tage ist von vielen Beteiligten gesagt worden: Da war der Himmel offen. Noch konkreter hat das ein britischer Historiker, Timothy Garton Ash, formuliert, der die Ereignisse in Berlin und in Prag, hier in unmittelbarer Nähe von Václav Havel, erlebt hat. Nachdem er die Veränderung der Menschen geschildert hat, gipfelt seine Darstellung in dem Satz: «Das sind Momente, in denen man den Hauch von Engelflügeln spürt.»[23]

Der Himmel war offen – ist er offen geblieben? Ist verwirklicht, was die Menschen auf der Straße gewollt haben? Wir müssen wohl beschämt eingestehen, dass wir die offene Situation im November 1989 zu wenig genutzt haben. Wir haben uns damals gefreut, und das war gut. Haben wir auch gedankt? Die Beziehung zu Engeln, wenn sie einmal offen ist, kann nur offen bleiben durch Dankbarkeit. Denn nur im Dank verstehen wir, dass wir beschenkt wurden. Wir haben etwas Wichtiges versäumt, aber aus dem Versäumnis lässt sich wenigstens für die Zukunft lernen.

Wenn wir auch den Engeln nicht gerecht wurden, richtig haben wir uns, jedenfalls zunächst, gegenüber dem Dämon der Macht verhalten. Der war gelähmt, aber eine solche Lähmung hält nicht lange an. Deshalb musste schnell gehandelt werden, und das ist geschehen. Es wurden Tatsachen geschaffen, die nicht wieder aus der Welt zu bringen waren. Die Zauderer, die nicht verstanden, was vorging, wurden überstimmt. – Deshalb ist der Demokratiebewegung in China, die im Jahr 1989 der europäischen vorausgegangen ist, der Durchbruch nicht gelungen. Auch hier war die Macht gelähmt, aber dieser Augenblick wurde nicht genutzt. Bei aller Hochachtung für die

Studenten und Arbeiter auf dem Platz des Himmlischen Friedens in Peking – aber man kann sich nicht um eine Nachbildung der New Yorker Freiheitsstatue versammeln, wenn man China verändern will, und man kann nicht die Marseillaise singen, wenn man den Kommunismus überwinden will. Die Ziele der Bewegung waren zu kurz gegriffen, und deshalb konnte sie nicht durchdringen. Denn ein «Sozialismus mit menschlichem Antlitz» ist eine Illusion.

In Europa wurde entschlossen gehandelt – aber oft nicht wahrhaftig. Um die Situation offen zu halten, hätten die Verbrechen der Macht unverblümt beim Namen genannt werden müssen. Man kann sich nur dann an einen runden Tisch setzen, wenn man ehrlich ist gegenüber der Vergangenheit. Indem verschwiegen oder verschleiert wurde, was in den Jahrzehnten der Diktatur geschehen war, konnte kein neuer Ansatz gefunden werden. Das ist das menschliche Versagen nach dem großen Ereignis, aber auch aus ihm kann gelernt werden. Die Welt der Engel ist die Welt der Wahrheit, im trüben Dunst nähern wir uns wieder den Dämonen.

Wer ist der Dämon der Macht?

Als Luzifer und Ahriman Widersacher wurden, gerieten sie unter die Herrschaft des Dämons der Macht, eines Wesens, das nicht aus der Schöpfung Gottes hervorgegangen, das nicht böse *geworden* ist, sondern dessen innerste Natur böse *ist.*

Wie dieser Dämon der Macht entstand, lässt sich durch den Vergleich mit einem entsprechenden Vorgang beim Menschen verdeutlichen. Wenn der Mensch nicht im Einklang mit der Weltordnung handelt, so bildet sich aus den Folgen seiner Taten ein Schicksal, das aufgearbeitet werden muss. Wer auf Kosten der anderen nur sich selbst will, schafft aber zugleich eine Macht in sich, die ihn zwingen kann, auf diesem Weg weiterzugehen. Wer die Sünde tut, wird der Sünde Knecht, sagt eine alte Weisheit.

Wer ist der Herr, der mich zum Knecht macht? Meine Sünde von damals ist vergangen, sie fordert einen Ausgleich, aber wie kann sie mich zwingen, heute noch einmal die gleiche Sünde zu begehen? Die Sünde ist doch nicht jemand, der handeln kann. Aber sie schafft ein Wesen, das als Doppelgänger des

Menschen bezeichnet wird. Jede Handlung, die nicht im Einklang mit der Welt steht, ernährt diesen Doppelgänger, macht ihn stärker, sodass er mich immer mehr zu egoistischen Handlungen zwingen kann. Jeder Mensch ist von Gott geschaffen und hat daher seine Existenzberechtigung. Der Doppelgänger geht nicht aus dem Willen Gottes hervor, sondern aus dem Willen oder besser gesagt: aus der Willensverirrung des Menschen. Deshalb muss der Doppelgänger vom Menschen wieder aufgelöst werden. Das geschieht nicht, indem ich einen Ausgleich schaffe für frühere Verfehlungen, denn dieser betrifft meine Beziehung zur Welt, sondern indem ich in mir meine Neigung zu Unwahrhaftigkeit, Selbstgefälligkeit und Herrschsucht, den drei Einfallstoren des Bösen, tilge.

Der Doppelgänger ist während des Lebens gewissermaßen hineingepresst in die Persönlichkeit des Menschen. Deshalb ist es so schwer, ihn zu erkennen. In besonderen Situationen kann sich der Doppelgänger jedoch aus dem Gefüge der Persönlichkeit lösen, von «außen» an den Menschen herantreten und seine abscheuliche Gestalt zeigen. Das ist kaum zu ertragen. Erst wenn der Mensch ehrlich genug sich selbst gegenüber geworden ist, kann und muss er sich diesem Anblick stellen. Das geschieht in einem fortgeschrittenen Stadium des Meditationsweges. Und vielleicht auch an der Todesschwelle, dann aber wohl in einer zwingenden Form. Denn der Doppelgänger genießt es, in den egozentrischen Handlungen des Menschen mitzuschwimmen, aber er scheut das Erlebnis des Todes. Kurz zuvor löst er sich aus dem Gefüge der Persönlichkeit und kann vielleicht von «außen» her den sterbenden Menschen noch zu Äußerungen nötigen, die gar nicht in das bisherige Bild seines Wesens passen. Hier kommt nicht, wie oft gesagt wird, der «Grundschlamm» der Seele zutage, denn auf dem Grund der Seele liegt die Gott-Ebenbildlichkeit des Menschen und kein Schlamm. Sondern diese Äußerungen, die ordinärsten Schimpfwörter, drängen sich auf und der Mensch kann sich ihrer nicht erwehren. Es ist der Doppelgänger, nicht das eigentliche Wesen des Menschen, sondern seine Entfremdung, die sich noch einmal zeigt. Diese Entfremdung des Menschen von sich selbst zu tilgen bleibt eine Aufgabe für künftige Leben, und sie muss erfüllt werden bis zum Ende der Erdenentwicklung. Diese scheußliche «Schöpfung» des Menschen kann nicht in die Ewigkeit mitgenommen werden. Der Doppelgänger würde, wenn er bis dahin nicht aufgelöst ist, den Menschen am Eintritt in eine geistige Existenz hindern und mit sich in den Abgrund der Gottferne hinabreißen.

Der Dämon der Macht ist der Doppelgänger der Dämonen. Er hat sich gebildet und er wird ernährt durch den Erfolg des Bösen, er ist also ebenso wenig wie der Doppelgänger des Menschen aus der Schöpfung hervorgegangen, und er kann auch nicht in die Ewigkeit eingehen, wenn die Erde sich wieder vergeistigt. Er hat ebenso wenig eine Existenzberechtigung wie der Doppelgänger des Menschen, und er muss aufgelöst werden, ehe Luzifer und Ahriman wieder zu Engeln werden können. In der Auseinandersetzung mit dem Bösen kann es nicht darum gehen, sich gegen Luzifer und Ahriman zu wenden. Die sind wie die irdischen «Machthaber» von der Macht besessen, von dem Dämon der Macht. Die Auseinandersetzung mit dem Bösen muss tiefer ansetzen, am eigentlichen Kern: an der Überwindung der Macht überhaupt. Im Himmel gibt es keine Macht, denn Liebe schließt den Gebrauch der Macht aus, Macht gibt es nur auf der Erde. Und die Erde ist der Planet des Menschen. Die Macht kann nur überwunden werden unter aktiver Beteiligung der Menschen. Solange Menschen auf Erden Macht gebrauchen, kann das Böse nicht überwunden werden. Aber wenn Menschen der Macht entsagen …

Die Überwindung des Bösen

Von diesem Blickpunkt aus erhalten die Versuchungsgeschichten in der Buddha-Legende und im Evangelium eine neue Aussagekraft. Als Gautama sich unter den Bodhibaum setzte, um während der Meditation das Geheimnis des Leidens zu ergründen und die Buddha-Würde zu empfangen, forderte er zunächst Mara, den Widersacher, heraus. Denn nicht ohne eine Auseinandersetzung mit ihm wollte Gautama die Vollendung seines Erdenweges erreichen. Mara muss anerkennen, dass Gautama die Voraussetzungen für die große Erleuchtung in seinen bisherigen Erdenleben geschaffen hat, denn die Erde zeugt für ihn. Dann aber stellt Mara ihn vor eine Wahl: Die erworbene Kraft könne er verwenden, um Buddha zu werden – oder

Weltherrscher. Lügt Mara, der dauernde Betrüger? Nein. Gegenüber dem Prinzen Gautama, dem Wissenden, hört die Möglichkeit zur Lüge auf. Zwei Wissende begegnen einander offen, ein Mensch und ein gestürzter Engel. Mara erkennt die Kraft des Bodhisattva an, er ist bereit, mit ihr zu rechnen. Und sie lässt sich in Maras Pläne voll und ganz eingliedern, wenn der Bodhisattva Macht gebraucht. Wenn Gautama herrschen will, dann ist Mara zufrieden. Aber das will Buddha nicht, und Mara muss sich zurückziehen, ohne damit allerdings überwunden zu sein.

In den Berichten der Evangelien[24] ist nicht die Rede davon, dass der Widersacher Christi Wirken zu verhindern versuchte. Im Gegenteil, er möchte Christus veranlassen, sich von den Zinnen des Tempels hinabzustürzen, denn die Engel des Himmels würden ihn sanft zur Erde tragen. Und ohne Frage wären die Augenzeugen vom Anblick der göttlichen Macht beeindruckt, und sie würden Christus folgen. Aber nicht durch Einsicht und aus eigenem Willen, sondern weil sie überwältigt sind. Ebenso wie dem Buddha bietet er Christus die Weltherrschaft an. Wäre es nicht besser, Buddha oder Christus würden herrschen statt derer, die es bis heute tun? Nein, solange

Macht über Menschen geduldet wird, müssen wir uns mit denen abfinden, die eben herrschen wollen. Buddha und Christus wollen nicht eine «sanfte» Macht, sondern die Überwindung der Macht über Menschen. Denn wo Macht beginnt, hört Christentum auf. Und Religion überhaupt.

Buddha und Christus weisen die Macht des Bösen zurück, aber überwinden sie nicht. Wäre das nicht die größte Wohltat für die Menschheit gewesen, sie vom Bösen zu befreien? Vielleicht, so wird der Christ sagen, hätte Buddha das nicht vermocht – aber Christus, das göttliche Wesen selbst? Er hat es nicht getan, sondern er hat konsequent die Macht des Bösen wirken lassen, sich selbst gegenüber, bis zum Tod am Kreuz. Er hat sich der Menschheit ausgeliefert, obwohl er wusste, was geschehen würde und geschehen musste. Die Aufgabe, die Macht des Bösen zu überwinden, wurde auf einen späteren Zeitpunkt verschoben, offensichtlich weil Christus nicht *für* die Menschheit, sondern *mit* ihr diese Aufgabe erfüllen wollte. Und dazu war die Menschheit damals nicht in der Lage, als die römischen Cäsaren gerade neue Dimensionen der Macht eröffneten.

Und heute? Das 20. Jahrhundert hat Tyrannen

hervorgebracht, die an Gewissenlosigkeit und Grausamkeit wohl alles übertreffen, was die Geschichte bisher gekannt hat. Aber auch Menschen, die sich der Macht entgegengestellt haben, nicht nur einem einzelnen Machthaber, sondern dem Anspruch der Macht überhaupt. Das ist nur möglich, wenn der Mensch konsequent auf die Durchsetzung der eigenen Persönlichkeit und der eigenen, vielleicht sogar idealen Ziele verzichtet, wenn er nicht etwas, sondern sich selbst der Macht entgegenstellt. Wenn er das Leid an der Macht auf sich nimmt, wenn er spürt, wie DER MENSCH in ihm an der Unmenschlichkeit der Macht leidet. Wer sich schützen will, macht sich auch angreifbar. Wer offen der Macht begegnet, indem er ein Leben unter Verzicht auf eigene Macht führt, der bildet keinen Widerpart für die bestehende Macht. Der Machthaber sucht immer einen Gegner, der auch Gewalt anwendet. Er ist aber hilflos gegenüber demjenigen, der auf Gewaltanwendung verzichtet, der nicht sein persönliches Leben verteidigt, sondern der ganz schlicht ein Leben aus Menschlichkeit führt.

Das ist eine alte asiatische Weisheit, die Mahatma Gandhi in moderner Weise erneuert hat. Für ihn war Gewaltlosigkeit nicht ein Mittel im Kampf gegen die

Kolonialmacht, sondern eine innere Haltung. Gewaltlos ist der Mensch, der in seiner Seele verwundet ist durch die Missachtung der Menschenwürde, für den aber die Wunde zum Organ wird, um die Würde des Menschen genauer wahrzunehmen. Wenn es um die Liebe zum Menschen geht, so sagt Thornton Wilder, ist heute nur der verwundete Krieger zum Kampf tauglich.[25] Dieser Kampf richtet sich nicht gegen andere, sondern gegen die eigene egozentrische Natur. So war Gewaltlosigkeit für Gandhi ein innerer Schulungsweg, den er Satyagraha nannte. Auf ihm ist der Mensch offen und versöhnungsbereit gegenüber dem anderen Menschen, auch gegenüber dem Machthaber, und streng gegen sich selbst. Nur wer Forderungen an sich selbst stellt, kann anderen verzeihen.

Gandhi hatte jedoch nur deshalb Erfolg, weil Menschen weit über die Grenzen Indiens hinaus erkannt haben, um was es ihm ging. Er hat nicht für sich oder für eine Gruppe, sondern für die Menschheit gehandelt. In den Indern war DER MENSCH verletzt, das haben viele Zeitgenossen empfunden. Anders gesagt: Wer sich der Macht entgegenstellt, braucht Öffentlichkeit. Als die Tschechen im Jahr 1968 von der sowjetischen Invasion überrollt wurden, war militärischer Widerstand sinnlos, sie konnten nur noch der Weltöffentlichkeit sagen, was geschah. Das haben sie getan und damit den Tyrannen die Maske vom Gesicht gezogen. Von diesem Verlust der Maske hat sich die Sowjetmacht nie wieder erholt. Nur diejenigen Dissidenten im sowjetischen Machtbereich, die offen auftraten, wurden bekannt, und Bekanntheit war der einzige Schutz, den es überhaupt gab. Wer offen auftritt, muss nicht nur seine egozentrische Natur überwinden, sondern mit dem eigenen Leben abgeschlossen haben. Die Kraft, die entsteht, wenn man nicht mehr sich selbst, sondern DEN MENSCHEN in sich und im anderen will, diese Kraft erst ist der Macht gewachsen.

Erst die Menschheit, die sich um das göttliche Wesen, das Mensch geworden ist und auch heute ist, sammelt, kann die Macht des Bösen überwinden. Indem sich heute eine Menschheitskultur zu entwickeln beginnt, kann die Aufgabe ergriffen werden, die Buddha und Christus nicht ohne Beteiligung des Menschen erfüllen wollten. Denn es gehört zur Würde des Menschen, dass er nicht zum passiven Empfänger eines göttlichen Geschenks erniedrigt, sondern zum aktiven Teilhaber am göttlichen Werk erhoben wird.

Schon bei Gandhi war deutlich, dass nur mit dem Einsatz des einzelnen Menschen, nicht einer Gruppe, die Überwindung der Macht beginnen kann. Nur die Tat des Einzelnen kann ganz von der Kraft des Ich durchdrungen sein, nur der Einzelne kann mit seiner ganzen Existenz einstehen für das, was er tut. Auch die Dissidenten stellten sich als einzelne Menschen der Macht entgegen. Ein Jan Palach hat ganz persönlich entschieden, dass er durch die Selbstverbrennung auf dem Wenzelsplatz in Prag die menschenverachtende Macht der sowjetischen Besatzung demaskieren wollte.

Die Tat des Einzelnen hat durch sich selbst ihre Bedeutung im Schicksal des betreffenden Menschen, aber noch nicht in der Geschichte der Menschheit. Diese erlangt sie erst, indem andere sie beachten und fortführen. Nur wenn wir erkennen und anerkennen, dass wir aufeinander angewiesen sind, kann sich Menschheit bilden. Wie auch eine Engel-Hierarchie nur existieren kann in der Angewiesenheit der einzelnen Engel aufeinander. Ein dämonisches Wesen kann zurückgewiesen werden durch den einzelnen Menschen, die Macht des Bösen kann nur überwunden werden durch die Menschheit – womit selbstverständlich nicht gemeint ist, dass alle die Milliarden von Menschen sich erst einigen müssten. Menschheit kann unter zwei oder drei Menschen entstehen, wenn es ihnen um DEN MENSCHEN geht, denn dann ist derjenige, der den Menschen geschaffen hat, unter ihnen.

Heute geht es nicht mehr nur um die Zurückweisung des Bösen, sondern um dessen Existenz. Das wissen Dämonen, und deshalb toben sie. Sie sind vom Himmel auf die Erde gestürzt, und hier fällt die Entscheidung.

Luzifer und Ahriman haben sich mit dem Erdenmenschen eingelassen und damit auch ihre eigene Zukunft an diejenige des Menschen gebunden. Wie ein Engel nicht einem Menschen zunächst helfen, sich aber zurückziehen kann, wenn sein Werk misslingt, so kann auch ein Dämon sich nicht wieder von den Menschen lösen, wenn diese sich dem Guten zuwenden. Wenn Menschen unter Verzicht auf Macht das Gute tun, nur weil sie es wollen, wenn sie den anderen nicht nur dulden, sondern wenn sie empfinden, dass sie nur in der Begegnung mit dem anderen, dem Andersartigen, sie selbst werden können, wenn sie nicht missionarisch auftreten, sondern vom anderen lernen – dann bildet sich Menschheit, deren Kraft die Dämonie in Luzifer und Ahriman verbrennen kann.

Der Mensch konnte nur zum Menschen werden durch die Hilfe der Engel. Die Menschheit kann sich nur bilden aus der Kraft Christi. Die Dämonen können wieder zu Engeln werden durch die Hilfe der Menschen.

Michael will heute nicht einen Kampf für die Menschen gegen Sorat austragen. Er wartet darauf, dass er mit den Menschen die Bedrohung durch Sorat zurückweisen kann.

Sorat – der Antichrist

In unserer Zeit macht sich das verstärkte Wirken eines mächtigen dämonischen Wesens bemerkbar, das in der Überlieferung als das Tier aus dem Abgrund oder als Sorat bezeichnet wird.

Wenn auch Sorat ein ahrimanischer Geist ist, so unterscheidet er sich doch deutlich in Wesen und Erscheinung von Ahriman: Denn Ahrimans Blick verzerrt dämonisch die Art, in der die Engel der Dritten Hierarchie, die Angeloi, die Archangeloi und die Archai, blicken. Deren Blick führt den Menschen empor, nimmt ihn in das Leben der Engel auf. Das kann er, weil diese Engel sich streng im Einklang mit der ganzen Engelwelt und mit dem göttlichen Willen halten, während sie ihre Güte auf den Menschen wenden. Die Fähigkeit emporzutragen ist eine Kraft, die aus dem Rücken der Engel in den «Raum» vor ihnen ausströmt.

Ahriman wirkt nicht im Einklang mit den Engeln und mit dem göttlichen Willen. Ihm fehlt die Welt «in seinem Rücken». Er will nur sich selbst. Deshalb hat dieser Wille seine geistige Substanz verloren, er ist Sinn-leer geworden und wirkt als ein saugender Hohlraum. Ahriman kann nicht so auf den Menschen blicken, dass er ihn durch sein Wesen hindurchgehen lässt und zu höheren Engeln weiterführt, sondern er zieht den Menschen in sich hinein und fesselt ihn. Ahriman wirkt faszinierend und zwingend.

Sorat ist der Sonnendämon, er wirkt in dem Gebiet, das rechtmäßig der Lebensraum der Zweiten Hierarchie ist. Sein Blick hat, dämonisch verzerrt, etwas von dem angenommen, was wir von den Exusiai, Dynameis und Kyriotetes kennen. Während die Engel der Dritten Hierarchie nur auf dasjenige blicken, was positiv, was engelgerecht am Menschen ist, haben die Engel der Zweiten Hierarchie eine so starke Liebe, dass ihr Blick auch auf den negativen Seiten des menschlichen Lebens ruhen kann. Mit der schmelzenden Sonnenglut ihres Blickes lösen sie die erstarrten Formen der menschlichen Seelenhaltung auf und weben aus dem positiven Kern des auf Abwege geratenen Menschenwillens das neue Schicksal.

Sorat sieht, wie die Engel der Zweiten Hierarchie, den Menschen in der Beziehung zu seiner veranlagten Gott-Ebenbildlichkeit. Doch er liebt nicht das göttliche Schöpferwort, er hasst es. Deshalb fehlt seinem Blick die Wärme der Sonnen-Engel. Sein Erscheinen kündigt sich durch einen eisigen Wind an, der den Eigenwillen des Menschen zum Erstarren bringen will. Sein raubtierhafter, stechender Blick spricht von der immensen Kraft des Hasses, eines kalten Hasses auf den Menschen.

Ahriman wird oft als Geist der Lüge bezeichnet. Nicht in dem Sinne, dass er hier und da eine Unwahrheit sagt. So lügen Menschen. Ahriman gaukelt uns eine Welt vor, die gesetzhaft entstanden und geordnet sei, in der es nicht göttliche Liebe und göttliches Opfer gebe. Ahriman lügt folgerichtig. Oft «pfahlt» er zunächst, suggestiv, eine Behauptung hin: Die Geschichte ist die Geschichte von Klassenkämpfen. Was dann folgt, ist logisch und einleuchtend – wenn man die Ausgangsbehauptung nicht hinterfragt und das Gedankengebäude nicht an der Lebenserfahrung überprüft.

Sorat lügt infam. Ahriman will durch Lüge herrschen, Sorat will durch Lüge zerstören. Ahriman wendet sich gegen spirituelle Gedanken, Sorat greift den spirituell denkenden Menschen direkt an: Mani sei ein machthungriger Psychopath gewesen, Rudolf Steiner ein Rassist – das sind Sorat-Lügen, die nicht begründet werden, denn sie wirken auch ohne Begründung.

Dämonen greifen immer wieder an drei Schwachstellen des Menschen an: an Unwahrhaftigkeit, an

Eitelkeit, an Machtstreben. Noch gefährlicher als diese Blößen, die sich der einzelne Mensch gibt, ist jedoch eine Schwachstelle innerhalb der Menschheitsgeschichte: Während der beginnenden Kolonialzeit wurden alte magische Kulturen unterdrückt und scheinbar ausgerottet, in Afrika und vor allem in Lateinamerika. Die okkulte Kraft dieser Magie konnte seit Jahrhunderten nicht mehr kulturtragend wirken, wurde aber auch nicht durch das Christentum verwandelt. Sie bildet daher ein herrenloses Machtpotenzial, das Sorat aktivieren will, um die Ich-Kultur, die christliche Kultur überhaupt, wegzuschwemmen. Der Beginn dieses Zerstörungswerkes ist heute zu beobachten, wo die großen Repräsentanten der Ich-Kultur, etwa die Mystiker oder die Philosophen des klassischen Idealismus, diffamiert werden als Wegbereiter des Rassismus. Das wahre Heil, so wird gesagt, liege in den dunklen Tiefen der menschlichen Persönlichkeit, die vielleicht sogar, beschönigend, die mütterlichen Kräfte genannt werden. Der Irrweg der überheblichen europäischen Kultur, die diese Tiefenkräfte vernachlässigt habe, müsse verlassen werden und man müsse wieder an das elementare Empfinden der von Europa Unterdrückten anknüpfen. Dieser

Angriff richtet sich keineswegs nur gegen die moderne Spiritualität, sondern auch gegen verantwortliche Träger der spirituellen Tradition.

Um der Attacke Sorats gewachsen zu sein, braucht das Selbstverständnis des modernen Menschen heute eine Erweiterung, die in den Darstellungen Rudolf Steiners an einigen Stellen schon angedeutet ist. So in den Sprüchen des *Anthroposophischen Seelenkalenders*[26] zur Weihnachts- und zur Johanni-Zeit, wo von einem Teil des menschlichen Wesens die Rede ist, der uns noch nicht frei verfügbar und noch kaum erkennbar, aber vielleicht erahnbar ist, der in dem Urgrund der Welt wurzelt und ohne den unser Ich nicht existieren kann. Als «meines Wesens Gottesgrund» wird er bezeichnet. Bei diesen Worten berühren wir in der Meditation die Sphäre des göttlichen Schöpferwortes, auf dessen Verwirklichung die Hoffnung der Engel gerichtet ist – und der Hass Sorats.

Es ist vor allem Michael, der unverwandt dieses Wort in seinem Bewusstsein trägt. Dieses Michael-Mysterium hat schon die religiöse Weisheit des Mittelalters gekannt, wenn sie Michael den ältesten Engel nannte, der die Schöpfungsworte aller Wesen kennt, auch dasjenige, das ihn selbst geschaffen hat. Im Sinne dieser Aussage kann man heute fortsetzen: Und wenn der Mensch sein Selbstverständnis auf das göttliche Wort, das ihn geschaffen hat, hin orientiert, dann verbindet er sich mit Michael. Dann ruht Michaels Blick auf ihm.

Sehr fein und genau hat Friedrich Schiller in seinen Briefen *Über die ästhetische Erziehung des Menschen* vor zweihundert Jahren auf diese Ebene einer vertieften Selbsterkenntnis hingewiesen. Jeder Mensch, so sagt er, trage «der Anlage und Bestimmung nach einen reinen idealischen Menschen in sich», mit dem «übereinzustimmen die große Aufgabe seines Daseins» sei.[27] Mit den Wörtern «Anlage» und «Bestimmung» wird deutlich gemacht, dass das Schöpferwort den Menschen vom Ursprung her trägt und dass es ihn von der Zukunft her leitet.

Während des 20. Jahrhunderts haben wir die Erfahrung gemacht, dass Diktaturen nicht durch gewaltsame Aktionen überwunden werden, sondern durch die Haltung von Menschen, die aufrecht bleiben, bei denen das Ich im Einklang steht mit dem, was mehr ist als das einzelne Ich. Diese Menschen handeln aus eigener und verantwortlicher Initiative, und wenn das im rechten Augenblick geschieht, kommt ihnen die

Kraft des Zeitgeistes entgegen, die den verantwortungsbewussten Willen zur geschichtsbildenden Kraft macht.

Michaels Blick trägt den Menschen nicht empor in die geistige Welt, wie es der Blick der anderen Engel aus der Dritten Hierarchie tut, sondern er bestätigt den Menschen in seiner Initiative auf der Erde, er lässt ihn dort stehen, wo er steht. Wo Michaels Blick ruhen kann, ist Himmel auf der Erde. Aber Michael kann nicht im Willen des Menschen wirken, wo der Erfolg geplant wird. Sondern dort, wo der Mensch sich der aktuellen Aufgabe stellt in der Treue zu dem in ihm, was mehr ist als er selbst – auch und gerade in einer aussichtslos erscheinenden Situation. In diese offene Stelle zwischen dem Menschen und dem Erfolg des Handelns kann die Kraft Michaels einwirken.

Michael will heute nicht einen Kampf *für* die Menschen gegen Sorat austragen. Er wartet darauf, dass er *mit* den Menschen die Bedrohung durch Sorat zurückweisen kann. Die Dramatik muss gar nicht in äußeren Ereignissen liegen. Es geht um viel Wichtigeres: ob das Wesen des Erdenmenschen, wie es sich in der Ich-Kultur herausgebildet hat, in Einklang gebracht und gehalten werden kann mit dem göttlichen

Schöpferwort, auf das Michael sein ganzes Sinnen richtet. Dieser Einklang ist die Michael-Kultur und der Ausgangspunkt für eine christliche Kultur der Zukunft.

Wenn der Mensch lernt, den düsteren Teil seines Eigenwesens aufzulichten, bereitet er sich darauf vor, sich an der Auflichtung des Bösen in der Welt zu beteiligen.
Und dass der Mensch dazu fähig wird, ist die größte Sehnsucht der Engel, die unter dem Sturz ihrer Brüder ins Böse leiden.

Schweigende, stillhaltende Engel

Der Engel hinter unserem Doppelgänger

Dass jeder Mensch ein Schattenwesen, einen Doppelgänger hat, in dem die düsteren Wesenszüge, die nicht mehr vom Menschen beherrscht werden, die ihm auch nicht mehr bewusst sind, Gestalt annehmen, das war den Menschen schon vor tausend Jahren bekannt. Dieses Wissen versank in den folgenden Jahrhunderten, einige seiner Inhalte aber tauchten im 19. Jahrhundert wieder auf.

Der Schatten, so sagte man, ist nicht nur eine Last der Vergangenheit, sondern auch eine Aufgabe für die Zukunft. Denn die geleugnete und verdrängte düstere Seite seines Wesens muss der Mensch wieder auflichten, solange er noch auf der Erde leben kann. An diese Aufgabe erinnert der Doppelgänger, wenn er kurz vor dem Tod manchen Menschen sichtbar wird und sich, völlig überraschend, in den unflätigsten Beschimpfungen der nächststehenden Angehörigen äußert. Er kann auch in der frühen Kindheit erkennbar werden. So berichtet die Sage, dass der norwegische König

Olav Trygvason zusammen mit einem lichten und mit einem finsteren Wesen geboren sei. Dass ein lichtes Wesen ihn begleitet, wenn er vom Himmel kommt, das ist wohl leicht einzusehen. Und dieses Wissen hat ja lange in der Rede vom Klapperstorch fortgelebt. Aber woher kommt das finstere Wesen? Das war kaum mehr zu erklären, als man nicht mehr von früheren Erdenleben sprach, aus denen der Mensch eine Aufgabe für diesmal mitbringt. Der Schatten ist also, so lautet die Folgerung, nicht in einem einzigen, sondern bis zum Ende aller Erdenleben aufzulichten. Oder anders gesagt: Jeder Mensch ist ein Geschöpf Gottes und hat daher eine Existenzberechtigung. Nicht aber der Schatten. Denn den hat der Mensch hervorgebracht, und er kann am Ende der Erdenzeit nicht in das Wesen Gottes eingehen, sondern würde, wenn er nicht aufgelöst ist, den Menschen in den Abgrund ziehen.

Dieses Motiv ist es, das einige Dichter des 19. Jahrhunderts aufgegriffen haben. Eine junge Frau, so erzählt Nikolaus Lenau in seinem Gedicht *Anna,* lässt sich vor ihrer Heirat von der Zauberin im Wald durch einen magischen Spruch unfruchtbar machen, damit keine Schwangerschaften ihre jugendliche Schönheit zerstören können. Als Bezahlung für diesen Dienst muss Anna ihren Schatten bei der Zauberin lassen. Nach siebenjähriger kinderloser Ehe reiten die beiden Ehegatten einmal bei Mondschein über die Heide. Da entdeckt der Mann, dass seine Frau keinen Schatten hat. Anna gesteht, wie es dazu kam. Sie wird verstoßen. Nach sieben Jahren der Buße vergeben ihr die Kinder, die nicht hatten geboren werden können, und Anna kann in Frieden sterben.[28]

Wer seinen Schatten weggibt, wer ihn der Zauberin oder dem Teufel überlässt, kann ihn nicht mehr auflichten. Er trennt sich von der Menschheit, die den Weg in das göttliche Licht geht. Wer möchte mit solchen Schattenlosen noch etwas zu tun haben? Und doch zeigt Nikolaus Lenau eine Zukunftsperspektive für solche Menschen auf – nicht durch eigene Kraft, aber durch die Verzeihung seitens der anderen können sie gerettet werden, nachdem sie ehrlich zu dem gestanden haben, was sie getan haben.

Der Schatten, so wusste man vor tausend Jahren, ist nicht nur eine Last aus der Vergangenheit und nicht nur eine Aufgabe für die Zukunft, sondern er hat auch ein tiefes Wissen um das kommende Schicksal. Wenn der Schatten in der Mittwinterzeit gleichgeschlechtlich war, so war das die Ankündigung von

Unglück, war er gegengeschlechtlich, so war das die Ankündigung von Glück. Fehlte dem Schatten der Kopf, so hatte der Mensch im kommenden Jahr den Tod zu erwarten. Woher weiß der Schatten das alles? Nach welchem Maßstab beurteilt er die Taten eines Menschen?

Dieses Motiv der Weisheit, die im Schatten oder hinter dem Schatten sichtbar wird, haben einzelne Schriftsteller in der zweiten Hälfte des 20. Jahrhunderts erneut aufgegriffen. So Hans Erich Nossak in seiner Erzählung *Dieser Andere.* Der Doppelgänger, dieser «Andere», wird dem Dichter plötzlich sichtbar, als eine fremde Gestalt und doch als ein Teil seiner selbst. Dieser «Andere» beurteilt, was der Dichter geschrieben, ja auch, was er erst gedacht hat. Sicher lehnt er nicht dasjenige ab, was literarisch unvollkommen ist, sondern was nicht der gültige Ausdruck der Persönlichkeit des Dichters ist.[29]

Woher aber weiß der Schatten um das Idealbild des menschlichen Ich? Um dieses individuelle Ich? Woher kennt der Schatten dieses Idealbild – vielleicht sogar besser als der um Selbsterkenntnis bemühte Mensch? Dieses Wissen ist doch nicht erklärbar aus der Schatten-Natur des Doppelgängers, sondern öffnet den Blick auf eine Tiefendimension, die bisher kaum beachtet wurde.

Dass der Mensch nach dem Tod von den einzelnen Engel-Hierarchien in unterschiedlicher Weise gesehen und beurteilt wird, ist im dritten Kapitel dieses Buches dargestellt worden. Die Engel der Dritten Hierarchie, Angeloi, Archangeloi und Archai, blicken darauf, wie der Mensch seine Schicksalsaufgaben aufgegriffen und wie er sein künftiges Schicksal veranlagt hat, welche Bedeutung sein Leben für andere Menschen und für die Geschichte hat. Die Engel der Zweiten Hierarchie, Exusiai, Dynameis und Kyriotetes, sehen die Bedeutung dessen, was in der Zeit geschehen ist, für die Ewigkeit. Die Engel der Ersten Hierarchie, die Throne, Cherubim und Seraphim, fragen danach, wie das Leben des Menschen dem Anliegen des Schöpferwortes, wie es DEM MENSCHEN in uns in individueller Einzigartigkeit gerecht wurde.

Was der Mensch nach dem Tod erlebt, ist, in gewandelter Form, auch in sein Erdenleben einverwoben. Denn der Mensch verwirklicht sich auf der Erde. Die Weisheit, die heute aus dem Schatten zu sprechen beginnt, ist menschheitlich und individuell zugleich, sie bezieht unser Handeln auf das, was mit DEM MENSCHEN gemeint ist, auf das Schöpferwort. Diese Weisheit zeigt ihren Ursprung also im Leben der Ersten Hierarchie. Darauf deutet auch die unwahrscheinliche Zurückhaltung des Doppelgängers hin, der uns handeln lässt und lange schweigsam bleibt, sich vielleicht nur an der Todesschwelle einmal, mahnend, zeigt.

Gewiss, die düstere Gestalt des Doppelgängers ist das Ergebnis unserer Fehlhandlungen, sie ist das Werk des Menschen, das bis zum Ende der Erdenzeit wieder aufgelichtet und aufgelöst werden muss. Doch die Doppelgänger-Gestalt ist nicht allein erklärbar aus den Fehlhandlungen, sondern wird erst verständlich aus ihrem weisheitsvollen Untergrund, aus ihrer Verantwortung für DEN MENSCHEN, für das Schöpferwort. Der Blick auf den Untergrund der Doppelgänger-Gestalt lässt einen erhabenen Engel aus der Ersten Hierarchie erkennen, der auf den Erdenmenschen wartet, der den Weg zur Menschlichkeit durch die Finsternis der irdischen Welt und des eigenen Wesens des Menschen hindurch sucht. Wenn der Mensch lernt, den düsteren Teil seines Eigenwesens aufzulichten, bereitet er sich darauf vor, sich an der Auflichtung des Bösen in der Welt zu beteiligen. Und dass der Mensch dazu fähig wird, ist die größte Sehnsucht der Engel, die unter dem Sturz ihrer Brüder ins Böse leiden.

Wer sich ein konkretes Bild vom Wirken und Wesen der Engel machen will, beachtet verständlicherweise vor allem, was die Engel tun. Die Verwirklichung der Menschlichkeit verdanken wir jedoch ebenso der Zurückhaltung einzelner Engel, die in ihrem stillen Warten den Freiraum für die Entfaltung des Menschen eröffnen und deshalb während der ganzen Erdentwicklung auf ein eigenes Tun verzichten. Zu ihnen gehört dieser Engel aus der Ersten Hierarchie, wahrscheinlich ein Cherub, der sich hinter der Gestalt des Doppelgängers verbirgt, der sie von Erdenleben zu Erdenleben erhält, der sich hin und wieder in Erinnerung bringt, der es aber dem Menschen überlässt, ob und wann er seine Schattenseiten auflichtet.

Wenn der Mensch seit der zweiten Hälfte des 20. Jahrhunderts seine Biografie und sein Schicksal immer mehr vom Zielpunkt der Existenz, vom Erden-Ende her versteht, wenn er also zunehmend apokalyptisch denkt, ist es folgerichtig, dass auch das Engel-Wirken, das auf das Erden-Ende hin orientiert ist, bewusst wird. Zu diesem apokalyptischen Selbstverständnis des Menschen gehört ein neues, vertieftes Verständnis des Doppelgängers.[30]

Der Engel des Todes

Als die Menschen zu Beginn der Neuzeit, vor fünfhundert Jahren, neu und intensiv über den Tod nachdachten, fassten sie ihr Verständnis in ein Bild zusammen: den Knochenmann. Der senkt die Fackel, die er in der Hand trägt, und löscht so das Leben aus. Und er macht alle Menschen gleich, Arme und Reiche. Niemand kann sein Geld über den Tod hinaus mitnehmen.

Die Skelettgestalt erinnert daran, dass der Tod zur Erde gehört. Erstaunlich ist, dass der Tod nicht nur als Ereignis verstanden wurde, sondern als Person. Der Tod ist jemand, der uns am Ende des Lebens begegnet. Wenn in den folgenden Jahrhunderten, in denen kaum von Engeln gesprochen wurde, doch von einem Engel des Todes die Rede ist, so ist nicht der Tod selbst gemeint, sondern der Repräsentant derjenigen Welt, die mit dem Tod beginnt.

Die Beobachtung des heutigen Menschen und die Sterbensforschung weisen zum Teil in eine andere Richtung. Löscht der Tod wirklich aus oder trennt er nicht vielmehr Leib und Seele? Das versucht er jetzt schon ständig, das Ich jedoch ist stark genug, um die Persönlichkeit zusammenzuhalten. Macht der Tod wirklich alle gleich oder sucht nicht jeder Mensch seinen eigenen Tod, ist nicht das Totenantlitz recht individuell?

Der Blick auf den Tod veranlasst uns heute, über Entwicklung neu zu denken. Der Prozess des Sterbens ist nicht zu verstehen aus den vorangegangenen Leben, sondern erst aus dem Tod, der noch gar nicht eingetreten ist. Der Tod bestimmt, vorausgestaltend, das Sterben und schon das Alter des Menschen. Wir sind nicht nur aus unserer Vergangenheit, sondern auch aus unserer Zukunft. Der Tod spricht aus der Weisheit unseres Entwicklungsziels – das er offenbar kennt. Wer den Tod so sieht, wird ihn nicht mehr als Grenze des Lebens erachten, und auch das Wort Schwelle passt nicht ganz. Der Tod ist eine Pforte, die zunächst die nachtodliche Welt verschließt, zur rechten Zeit aber öffnet.

In der Sterbensforschung sind die gar nicht seltenen Ankündigungen des Todes, vor allem in Träumen, sehr beachtet worden. Diese sind oft in Symbolbildern verhüllt und wollen erst durch den wachen Menschen gedeutet und verstanden werden. Manchmal aber wird das genaue Todesdatum geträumt. Es gehört zur Eigenart des Todes, dass er das Kommende offenbart, zugleich aber etwas Wichtiges verhüllt oder sogar wieder vergessen lässt. Eine Mutter träumt, dass ihre beiden Kinder bei einem Unwetter ins Wasser stürzen, dass sie eines retten kann, während das andere ertrinkt. Beim Erwachen aber weiß sie nicht mehr, welches. – Eine Mutter weiß nicht, welches ihrer Kinder sie im Arm hält? Ein noch nicht zweijähriges oder ein sechsjähriges? Das lässt sich doch nicht dadurch erklären, dass die Mutter nicht genau hingeschaut hat. Da ist vielmehr ein Wissen, das im Schlaf präsent war, beim Aufwachen ausgelöscht worden. Von wem? Doch wohl von dem, der es auch offenbart hat: vom Tod.

Nun ein eigenes Erlebnis: Im Jahr 2000 hatte ich, nicht im Traum, sondern im wachen Tagesbewusstsein, mein Todesdatum vor mir. Was mich nicht erschreckte, vielmehr konnte ich es voll bejahen. Das Todesdatum ist wohl das wichtigste Wissen, das wir um das eigene künftige Schicksal haben können. Doch nun bemerkte ich in der folgenden Zeit, dass «jemand» dabei war, dieses Wissen, jedenfalls was das genaue Datum betrifft, wieder auszulöschen. Dagegen habe ich mich gewehrt. Ich habe mir das Datum wiederholt energisch eingeprägt, nicht aufgeschrieben. Und nach längerer Zeit stellte ich fest, dass es niemand mehr auslöschen wollte. Der Tod tolerierte, dass ich mit diesem Wissen weiterlebte.

Der Tod handelt also aktiv, er ist souverän in seinen Entscheidungen, und dabei orientiert er sich an dem Entwicklungsziel des Menschen, das er offenbar kennt und versteht. Er wirkt aus der Ewigkeit in die Zeitlichkeit hinein. Er ist eine Pforte, durch die gelebtes Leben in die nachtodliche Welt eintritt und durch die andererseits die Wahrheit des Menschen, wie sie aus dem Schöpferwort hervorgeht, von der Zukunft in die Gegenwart hereinwirkt.

Wir sterben, weil wir Erdenmenschen sind – bei allen individuellen Nuancen des Todes. Der Tod erinnert uns ständig an unsere Zugehörigkeit zu den beiden Welten: zu Himmel und Erde. Er mahnt an die Grenze der Zeit und erscheint daher als unerbittlich, aber das ist nicht sein eigentliches Wesen. Sein Wesen ist, dass er eine Pforte bildet, die Pforte zum Himmel, der den Menschen liebevoll in Empfang nimmt. Es ist der Tod, in dem die Bewegung des Lebens still wird und damit himmelsbereit. Und das ist ja vielleicht das eindrucksvollste Erlebnis, wenn wir an einen Sarg treten: die Stille des Todes, die zu sprechen beginnt für denjenigen, der selbst still wird.

Engel können nicht miterleben, was der Mensch an der unerbittlichen Strenge des Todes erfährt. Sie konnten auch nicht den Tod Christi miterleben, was die Legende in dem Bild zum Ausdruck bringt, dass die Engel ihr Antlitz verhüllten. Außer einem Engel, Michael, den schon das Mittelalter als Lehrer der himmlischen, der Schöpfungsmysterien wie auch der Erdentaten Christi gesehen hat und den ein holländischer Maler aus dem 14. Jahrhundert (in der Walpurgiskirche in Zutphen) neben dem Kreuz stehend darstellt. Michael ist der Zeuge aus der Engelwelt auf Golgatha, wie Maria und Johannes die Zeugen aus der Menschenwelt sind. Und ein weiterer Engel war auf Golgatha dabei, wie er den Tod eines jeden Menschen miterlebt, von innen her, ein hoher Engel aus der gottnächsten Engel-Hierarchie, wohl ein Cherub, der bisher kaum beachtet wurde.

In der Engel-Lehre ging es bisher vor allem um das Handeln der Engel. Sie begleiten oder beschützen den Menschen, sie inspirieren oder warnen oder sie sind die Boten Gottes. Es ist an der Zeit, auch die stillhaltenden Engel zu beachten. Von einem solchen ist schon in der Schöpfungsgeschichte die Rede, von dem Cherub an der Pforte des Paradieses, der den Menschen den Einblick und die Rückkehr ins Paradies verwehrt. Dieser hohe Engel wurde jedoch missverstanden als gehorsamer Vollstrecker eines göttlichen Strafgerichts. Ein Cherub aber kennt und lebt den Sinn und das Ziel seiner Aufgabe. Er kennt den göttlichen Willen, dass der Mensch auf Erden zum wahren Menschen werde. Der Weg durch das Erdenleben ist keine Strafe, sondern die Entwicklung einer neuen geistigen Potenz, die den Blick in die Zukunft braucht. Und dorthin lenkt dieser Cherub den Blick des Menschen, still und entschieden, wenn die Sehnsucht nach dem Paradies einmal zu stark wird. In seiner Zurückhaltung eröffnet er dem Menschen die Möglichkeit, seinen Weg nach vorn aus eigener Initiative und Verantwortung zu gehen. Dieser Cherub hält sich zurück, bis Menschen von sich aus den Weg auf das gottgewollte Ziel hin gehen. Weil er schweigt, können Menschen sprechen. Er wartet und wartet – auf den menschlichen Menschen, der wir hoffentlich allmählich werden. Erst dann kann er wieder sprechen und hat dann wohl viel zu sagen.

Ähnliches gilt für den Engel, den wir Tod nennen. Im christlichen Verständnis des Karfreitags heißt es, Christus habe die Macht des Todes überwunden. Aber er ist doch selbst gestorben?

Das ist nur so lange ein Widerspruch, wie man den Tod als Auslöschung des Menschen versteht. Wenn aber der Tod nicht auslöscht, sondern Leib und Seele trennt? Und wenn der Tod das bei Christus nicht vermochte, sondern wenn Christus beim Tod im Leib blieb und so zur Erde wurde? – Dann hat der Tod gewirkt, ohne Macht zu gebrauchen. Dann hat er dem Willen Christi Raum gegeben. Das ist ein einmaliges Geschehen, weil der Weg des göttlichen Wesens zur Erde und sein Tod einmalig sind. Weil nur hier der Weg vom Leichnam am Kreuz zum Auferstehungsleib führte. Aber jeder Mensch, der in der Liebe zur Erde stirbt, baut die Macht des Todes ab, befreit den Engel

Tod von der strengen Unerbittlichkeit, die der Tod nicht um seiner selbst willen braucht, sondern die der Mensch (bisher noch) braucht, der den Weg durch die Pforte gehen will – weil er sonst die innere Wendung von der Erde zum Himmel noch nicht schaffen könnte. Der Schrecken des Todes, den viele Menschen noch empfinden, hört auf, wenn die Macht des Todes erlischt.

Im Engel Tod ist die Engelwelt Erde geworden: Der Engel Tod erlebt die Erde von innen her und kann, wenn er von seiner Aufgabe entlastet ist, viel über die Erde sagen, worauf Engel warten.

Anmerkungen

1. Johannes W. Schneider, *Michael und seine Verehrung im Abendland. Eine Studie zur Bewusstseinsentwicklung der Völkerwanderungszeit und des Mittelalters,* Dornach 1981.
2. William Turner (1775 – 1851), *Engel in der Sonne,* 1846, London, The Tate Gallery.
3. Christian Morgenstern, Nachlese zu «Wir fanden einen Pfad», in: ders., *Werke und Briefe,* Band II: *Lyrik 1906–1914,* hrsg. von Martin Kießig, Stuttgart 1992, Seite 251.
4. Andreas Flitner, *Wege zur pädagogischen Anthropologie. Versuch einer Zusammenarbeit der Wissenschaften vom Menschen,* Heidelberg ^{2}1967, Seite 245.
5. Milan Kundera, *Reden zum IV. Kongress des Tschechoslowakischen Schriftstellerverbandes, Prag, Juni 1967,* Frankfurt a.M. 1968, Seite 18 f.
6. Alexander Solschenizyn, *Die russische Frage am Ende des 20. Jahrhunderts,* München und Zürich 1994, Seite 136.
7. Samuel P. Huntington, *Kampf der Kulturen. Die Neugestaltung der Weltpolitik im 21. Jahrhundert,* München ^{6}2002.
8. Luk 2,14, in der Übersetzung von Emil Bock.
9. Selma Lagerlöf, *Christuslegenden,* München ^{17}2002.
10. Ebd.
11. Koran, Sure 7,11–18 und 15,26–40.

12. Dimitri Lichatschow, *Hunger und Terror. Mein Leben zwischen Oktoberrevolution und Perestroika,* Ostfildern 1997, Seite 283.
13. Victor E. Frankl, ... *trotzdem Ja zum Leben sagen. Ein Psychologe erlebt das Konzentrationslager,* München ^{28}2007, Seite 139.
14. Imre Kertész, *Eine Gedankenlänge Stille, während das Erschießungskommando neu lädt. Essays,* Reinbek 1999, Seite 14 f.
15. Alois Winklhofer, *Traktat über den Teufel,* Frankfurt a.M. 1961, Seite 127.
16. *Lexikon für Theologie und Kirche,* Band II, Freiburg i.Br. 1958, Spalte 295.
17. Alois Winklhofer, a.a.O.
18. Traugott Konstantin Oesterreich, *Die Besessenheit,* Langensalza 1921.
19. Erich O. Haisch, «Psychiatrische Aspekte der Hexenprozesse», in: Wilhelm Bitter (Hrsg.), *Massenwahn in Geschichte und Gegenwart. Ein Tagungsbericht,* Stuttgart 1965, Seite 234.
20. Hermann Rauschning, *Gespräche mit Hitler,* New York ^{2}1940, Seite 198 f.
21. Max Frisch, «Nun singen sie wieder. Versuch eines Requiems», 6. Bild, in: ders., *Gesammelte Werke in zeitlicher Folge,* hrsg. von Hans Mayer unter Mitwirkung von Walter Schmitz, Band II: 1944–1949, Frankfurt a.M. 1998.
22. Ludvik Vaculik in: Milan Kundera, *Reden zum IV. Kongress des Tschechoslowakischen Schriftstellerverbandes, Prag, Juni 1967,* Frankfurt a.M. 1968, Seite 107 ff.
23. Timothy Garton Ash, *Ein Jahrhundert wird abgewählt. Aus den Zentren Mitteleuropas 1980–1990,* München 1990, Seite 387 und 421.

24. Matth 4,1–11, Mark 1,12–13, Luk 4,1–13.
25. Thornton Wilder in dem Dreiminutenspiel «Der Engel, der das Wasser bewegte», in: ders., *Einakter und Dreiminutenspiele,* Frankfurt a.M. 1982.
26. Rudolf Steiner, «Anthroposophischer Seelenkalender», in: ders., *Wahrspruchworte* (Gesamtausgabe Band 40), Dornach ^{9}2005.
27. Friedrich Schiller, *Über die ästhetische Erziehung des Menschen in einer Reihe von Briefen,* Vierter Brief.
28. Nikolaus Lenau, «Anna», in: ders., *Gedichte,* Frankfurt a.M. 1998.
29. Hans Erich Nossak, *Die Erzählungen,* Frankfurt a.M. 1987, Seite 333 ff.
30. Die Tradition des Doppelgänger-Wissens hat der Verfasser in seinem Buch *Der Doppelgänger. Die Schattenseite unserer selbst* (Dornach 2000) ausführlicher geschildert.

falter | Wege der Seele – Bilder des Lebens

15 | **Ein neues Sehen der Welt**
Gegen die Verschmutzung des Ich
von Jacques Lusseyran

16 | **Warum haben Engel Flügel?**
Der Engel als Bild und Begegnung
von Hella Krause-Zimmer

17 | **Meditative Gebete**
für die heutige Zeit
von Adam Bittleston

18 | **Die dunkle Nacht der Seele**
Wege aus der Depression
von Olaf Koob

19 | **Psychologie**
als spirituelle Betätigung
von Kurt Vierl

20 | **In der Mitte der Mensch**
Offenbarungen und Geheimnisse in der Kunst
von Hella Krause-Zimmer

falter | Wege der Seele – Bilder des Lebens

21 | **Puppe und Schmetterling**
Die Begegnung des Menschen mit sich selbst
von Elke Blattmann

22 | **Das vergessene Gemüt**
Kräfte aus den Tiefen der Seele
von Erhard Fucke

23 | **Die gläserne Brücke**
Zwischen Leben und Tod:
Novalis und Sophie von Kühn
von Inge Ott

24 | **Woher kommen wir – wohin gehen wir?**
Fragen nach wiederholten Erdenleben
von Dan Lindholm

25 | **Die Monatstugenden**
Zwölf Meditationen
herausgegeben von Jean-Claude Lin

26 | **Blick in eine andere Welt**
Begegnungen mit Verstorbenen und geistigen Wesen
von Dagny Wegener

Verlag Freies Geistesleben

Bücher für den Wandel des Menschen

falter | Wege der Seele – Bilder des Lebens

27 | **Mit Lyrik leben**
Berichte, Betrachtungen, Anregungen
von Erika Dühnfort

28 | **Das Wunder des Lachens**
Spiegelungen in Märchen und Mythos
von Dagmar Fink

29 | **Die Kunst der Seele**
Schritte auf dem Schulungsweg
von Florian Roder

30 | **Der siebenfache Flügelschlag der Seele**
Leben mit dem Rhythmus der Woche
von Wolfgang Held

31 | **Finde dich neu**
Sechs Stufen zu einem kreativen Leben
von Michael Lipson

32 | **Vier Minuten Sternenzeit**
Leben mit den kleinen und großen Rhythmen der Zeit
von Wolfgang Held

falter | Wege der Seele – Bilder des Lebens

33 | **Oktaven der Liebe**
Sieben Motive der Begegnung
von Dorothea Rapp

34 | **Lebenskunst als Lebenskraft**
Vom schöpferischen Umgang mit der Freiheit
von Mario Betti

35 | **Der Sternenhimmel der Vernunft**
Auf dem Weg der zwölf Weltanschauungen
von Corinna und Ralf Gleide

36 | **Leben mit dem Leben**
Zwölf Einsichten für die persönliche Entwicklung
herausgegeben von Jean-Claude Lin

37 | **Hetze und Langeweile**
Die Suche nach dem Sinn des Lebens
von Olaf Koob

38 | **Leben mit dem Schmerz**
von Iris Paxino